Un dialogue
entre Orient et Occident

5-7, rue de l'École-Polytechnique ; 75005 Paris
http://www.librairieharmattan.com
diffusion.harmattan@wanadoo.fr
harmattan1@wanadoo.fr

ISBN : 978-2-296-11776-1
EAN : 9782296117761

Texte original en anglais
A Dialogue between East and West: Looking to a Human Revolution
I.B. Tauris & Co Ltd, 2008, 177 pages.

Photo de couverture : Mathieu Carron de la Carrière.

Ricardo Díez-Hochleitner
et Daisaku Ikeda

Un dialogue entre Orient et Occident

Vers une révolution humaine

Traduit de l'anglais
par Jean L. Triaud

L'Harmattan

Sommaire

Préface de Ricardo Díez-Hochleitner

Mon respecté et cher ami Daisaku Ikeda, président de la Soka Gakkai internationale, écrit dans ce livre : « Vous qui venez de l'Occident et moi de l'Orient ne devons jamais cesser d'exhorter les dirigeants du monde à ouvrir le dialogue et à coopérer au nom d'une coexistence harmonieuse. »

Dans un esprit identique, j'ai déclaré que « l'Occident doit s'adresser directement à l'Orient sur un pied d'égalité ».

En dépit des différences dans nos racines culturelles et nos croyances, nous avons montré, dans notre dialogue, à quel point notre terrain d'entente commun, en vue de servir l'avenir de l'humanité comme celui de la nature, est large. C'était déjà l'esprit et le sujet du premier dialogue entre Daisaku Ikeda et le premier président du club de Rome, mon respecté collègue et ami Aurelio Peccei.

Au lieu d'un conflit des civilisations, nous devons rechercher le dialogue et la coopération, tout particulièrement en ces temps d'incertitudes et d'anxiété croissantes à travers le monde. En dépit de nombreuses et importantes réalisations, dans le passé et jusqu'à maintenant, il y a dans le monde actuel les bases d'un malaise provoqué par les profonds changements inhérents à une transition vers une nouvelle société mondiale et par la menace qui pèse sur l'environnement.

Dans cette période de changements dramatiques, il existe des opportunités stupéfiantes en matière de liberté et de richesse, mais aussi des risques immenses pour l'avenir de l'environnement et la coexistence pacifique entre les peuples. La crise sévère des valeurs éthiques et morales à l'intérieur de nos espaces sociaux et politiques exige que les questions fondamentales soient posées.

Ce que certains regardent comme une grande chance, d'autres y voient une sérieuse menace. Dans de telles circonstances, les questions évoquées dans le texte de ce dialogue sont de nature à faire ressortir les raisons d'espérer, à condition que nous soyons à l'écoute de dirigeants porteurs d'une vision éclairée – tel le président de la SGI – et que nous dépassions nos propres identités culturelles, idéologies et croyances.

Au club de Rome, nous essayons d'encourager et de rendre possibles des débats et des discussions en profondeur, afin de contribuer à une compréhension mutuelle à l'échelle mondiale, qui est de plus en plus nécessaire.

Notre préoccupation principale est d'obtenir un accord mondial qui puisse inspirer les actions locales, de même que des débats locaux qui influent sur l'action globale. À cette fin, il est essentiel, non seulement de définir des valeurs éthiques communes, mais, en dernier ressort, de démontrer la cohérence entre nos mots et nos actes.

Ricardo Díez-Hochleitner

Préface de Daisaku Ikeda

J'ai rencontré pour la première fois le Dr Ricardo Díez-Hochleitner en juin 1991, quand il est devenu président du club de Rome, l'organisation que l'on a souvent qualifiée de « cerveau de l'humanité ». Nous étions tous les deux parmi ceux qui assistions à l'inauguration de la Maison littéraire de Victor Hugo, en France. Le Dr Díez-Hochleitner est de ces intellectuels courageux et distingués qui travaillent sans relâche pour trouver des solutions aux nombreux problèmes globaux auxquels le monde est confronté aujourd'hui. À l'époque, lui et moi tombèrent d'accord pour nous revoir plus tard, afin d'engager un dialogue qui mènerait à la production d'un livre comme celui-ci. Cependant, dix ans, ou plus, ont passé, avant que nous puissions commencer effectivement nos discussions. En procédant à différents ajustements dans nos agendas chargés, et en échangeant, par moments, des lettres et des brouillons, nous fûmes quand même capables de réaliser des progrès satisfaisants. Les résultats de notre travail furent publiés sous la forme d'une série d'articles étalés sur environ une année, à partir de mai 2004, dans le mensuel japonais *Daisan Bunmei*. À l'automne 2005, le texte japonais des dialogues fut publié en volume séparé. Le fait que le texte soit aussi publié, en 2008, en anglais, et maintenant en français, est une source de profonde satisfaction pour moi. Mes plus sincères remerciements vont à l'éditeur britannique I.B. Tauris & Co, et à tous ceux qui ont aidé à rendre cette publication possible.

Le Dr Aurelio Peccei, fondateur du club de Rome, et ami commun du Dr Díez-Hochleitner et de moi-même, au cours des discussions que nous avons eues, lui et moi, formula l'observation suivante au sujet de l'histoire humaine : l'humanité avait déjà connu trois révolutions, l'industrielle, la scientifique et la technologique, toutes trois provoquées par des forces externes. Mais il mettait en doute tant leurs buts que leur mise en œuvre, soutenant que notre échec à développer la sagesse potentielle que ces révolutions pouvaient conférer a abouti à une ignorance surprenante. Pendant que la technologie progressait, la culture, elle, est restée immobile, fossilisée. Il insistait sur le fait qu'une renaissance spirituelle de l'humanité était nécessaire pour combler ce manque.

Dans nos discussions, le Dr Díez-Hochleitner et moi nous sommes efforcés de trouver un chemin possible qui permette au genre humain et au monde de la nature de vivre en harmonie. Ensemble, nous avons essayé de découvrir comment atteindre un état de paix positive, un état où l'on renonce à la violence et où l'on cherche à garantir les conditions d'une croissance durable, la coexistence entre le règne de l'homme et celui de la nature, ainsi que le bien-être pour tous les individus et les groupes ethniques dans la société, et où l'on cherche aussi à définir les règles de conduite sur lesquelles de telles conditions de paix positive peuvent être fondées. Le Dr Díez-Hochleitner et moi, comme le Dr Peccei, partageons l'idéal d'une « révolution humaine », un idéal qui est fondé sur le concept, commun à l'Orient et à l'Occident, de la dignité de la vie. Un tel idéal cherche à promouvoir la sagesse et la compréhension fondées sur l'amour et la compassion, en accordant de l'importance au respect mutuel, à l'harmonie avec la nature et à une vision mondiale. Il vise à trouver les conditions d'une croissance durable et d'une paix positive, dans l'espoir de réaliser ces objectifs grâce à des changements intérieurs chez les individus qui accompliront courageusement cette mission.

Pendant la période consécutive à la fin de la Seconde Guerre mondiale, la personne qui, à mon avis, perçut le plus clairement le besoin d'une telle révolution humaine fut mon maître, Josei Toda. Il fut le premier à proposer le concept d'une appartenance ethnique mondiale commune, englobant toute l'humanité, qui anticipait l'idéal actuel de citoyenneté mondiale. Cette idée d'une appartenance ethnique mondiale, commune à toute l'humanité, vise à dépasser les concepts étroits de ce qui est particulier et, tout en honorant l'identité et les caractères propres des différents groupes ethniques, met l'accent sur la nécessité de reconnaître l'unité d'ensemble de tous les êtres humains dans le monde. Ces deux idéaux et concepts – la révolution humaine et l'appartenance ethnique commune de toute l'humanité – sont fondés sur un système de valeurs qui reconnaît la dignité de la vie humaine. C'est pourquoi ceux qui sont capables d'accomplir la révolution humaine sont ceux qui sont de vrais « citoyens du monde ». C'est le genre de personnes dont nous avons besoin pour créer une civilisation et une culture mondiales.

Quelqu'un comme le Dr Díez-Hochleitner représente un tel modèle de citoyen du monde, lui qui s'est consacré à promouvoir le genre d'éducation qui convient à ce niveau mondial. Il a manifesté son soutien à notre université Soka d'Amérique, qui compte, au nombre de ses objectifs, l'éducation de semblables citoyens du monde. Bien qu'elle soit de taille relativement petite et de fondation récente (mai 2005), cette université a envoyé sa première promotion de diplômés dans le monde au moment même où le Dr Díez-Hochleitner et moi terminions nos discussions. Dans nos dialogues, comme le lecteur le verra, le Dr Díez-Hochleitner et moi avons accordé un soin particulier à souligner l'importance de l'éducation.

Dans le monde actuel, les gens commencent de plus en plus à s'attaquer, à un niveau concret, aux problèmes mondiaux auxquels nous sommes confrontés, particulièrement le réchauffement de la planète et le changement climatique. Former de véritables citoyens du monde et nous unir à eux dans l'action est, me semble-t-il, la clé pour trouver le chemin d'un avenir plus brillant pour l'humanité. Quand les citoyens du monde – hommes et femmes pleinement conscients de la dignité de la vie – uniront leurs forces dans l'action, ils seront capables de réaliser une paix véritable et la prospérité dans le monde du XXIe siècle. Telle est ma conviction profonde. Moi-même je suis déterminé à continuer à faire tout ce qui est en mon pouvoir pour atteindre cet objectif.

Daisaku Ikeda

CHAPITRE PREMIER

Rencontre avec Aurelio Peccei

IKEDA • Vous avez dit, une fois : « Demain est trop tard. Nous devons faire quelque chose aujourd'hui. Un sentiment de crise conduit mon travail parce que les problèmes auxquels l'humanité est confrontée sont trop importants, trop profonds, et trop urgents. » Vous continuiez en disant que, bien que notre contribution puisse être insignifiante, nous devons penser et agir pour le bien de l'humanité. Le grand sens de la responsabilité qui se reflète dans ces mots vous a incité à œuvrer activement, partout dans le monde, même après que le prince Hassan de Jordanie vous eut succédé en qualité de président du club de Rome. Je suis heureux d'engager le dialogue avec une personne comme vous.

DÍEZ-HOCHLEITNER • C'est moi qui devrais être heureux. En observant la manière dont vous voyagez dans le monde, je me suis demandé, tout étonné, ce qui vous faisait marcher ainsi. Je n'ai que des éloges à faire de votre caractère, de votre philosophie et de votre œuvre, ainsi que des activités de la Soka Gakkai internationale (SGI), le mouvement bouddhique que vous dirigez. J'ai, pour la première fois, entendu parler de votre action grâce à votre dialogue avec mon cher ami Aurelio Peccei. Les discussions avec vous ont constitué pour moi une expérience spirituelle et intellectuelle importante. Elles sont à la fois un honneur et une source de grande inspiration.

IKEDA • Je vous suis reconnaissant de votre profonde bienveillance pour la SGI. Je vous ai rencontré pour la première fois en France, dans la banlieue parisienne, en 1991, lors de l'inauguration de notre Maison littéraire de Victor Hugo. Vous aviez fait le voyage d'Espagne, à cette occasion.

DÍEZ-HOCHLEITNER • Oui, je m'en souviens bien. Le grand écrivain Victor Hugo est évidemment très célèbre, mais nous, Européens, n'avons commencé que tout récemment à reconnaître et à respecter son importance véritable à propos de la formation de l'Union européenne. J'avais longtemps entretenu l'idée de contribuer à créer une Maison de Victor Hugo, mais je n'avais jamais pensé que cette œuvre serait accomplie par un citoyen japonais, à lui tout seul.

IKEDA • Dans ma jeunesse, les œuvres de Victor Hugo furent mes compagnons et représentèrent le cœur de ma vie. Victor Hugo affronta avec intrépidité les combats spirituels de son temps. Aujourd'hui, nous sommes appelés à faire de même. La Maison littéraire de Victor Hugo fut créée pour perpétuer son héritage spirituel et pour être une citadelle de culture, de paix et de droits de l'homme.
Étaient présents, lors de l'inauguration de cette Maison littéraire, Marcel Landowski, secrétaire perpétuel de l'Académie des Beaux-Arts, René Huyghe, critique d'art et membre de l'Institut de France, l'auteur kirghize Chingiz T. Aitmatov, Pierre Hugo, un descendant de Victor Hugo à la cinquième génération, et le Dr Serge Tolstoï, petit-fils de Léon Tolstoï. À l'époque, vous et moi décidâmes d'entreprendre un nouveau dialogue afin de compléter celui que j'avais eu avec Aurelio Peccei, et qui fut publié en livre sous le titre *Cri d'alarme pour le XXIe siècle*[1]. Nous tenons maintenant notre promesse.

DÍEZ-HOCHLEITNER • Je suis sincèrement honoré d'ouvrir un dialogue avec vous. Je me considère comme un disciple

1. Presses universitaires de France, 1986.

d'Aurelio Peccei, le fondateur du club de Rome. Il m'avait dit combien son amitié avec vous était importante pour lui. Il est clair que nous, au club de Rome, nous partageons la philosophie et l'action de la Soka Gakkai, et sommes en accord avec celles-ci, indépendamment des origines culturelles et des convictions très diverses de nos membres.
On peut dire que le club de Rome est né de la préoccupation du Dr Peccei pour l'avenir de l'humanité. Après avoir survécu aux dures luttes de la période fasciste, il fut un homme d'affaires actif en Chine, en Italie et en Argentine. Humaniste doté d'une forte personnalité et d'un esprit pénétrant, il sonna l'alarme sur la crise que des actions humaines inconsidérées provoquaient dans l'environnement naturel. Cela fait penser immédiatement à la profonde philosophie qui est la vôtre à propos de la nécessité, pour l'humanité, de vivre en harmonie avec la nature, une conviction et une pratique que vous partagez l'un et l'autre. Pour moi, cela a représenté une leçon de la plus grande importance.

IKEDA • La vision anticipatrice du Dr Peccei est plus éclairante aujourd'hui que jamais. Il a continué avec dévouement la révolution humaine qui est la condition *sine qua non* de toutes les autres révolutions. Quand vous êtes-vous lié d'amitié avec lui ?

DÍEZ-HOCHLEITNER • En 1964, quand j'étais directeur du département des Investissements dans l'éducation, à la Banque mondiale. Ce fut, dès le premier contact, un « coup de foudre intellectuel ». Je sus que c'était une personne que je pouvais aimer et respecter comme un frère et un ami. Afin de réaliser l'idéal que je m'étais donné de contribuer au bien de l'humanité, je décidai de me lier avec lui pour la vie. Je sus cela instantanément. Au début des années 1960, le Dr Peccei avait exprimé ses préoccupations dans une série de conférences et dans un livre intitulé *The Chasm Ahead* (« L'abîme devant nous ») [2].

2. Macmillan, 1969. (NDT)

En 1964, il visita Washington à l'invitation de Dean Rusk, alors secrétaire d'État du gouvernement américain, et il demanda à me rencontrer. Quoique je fusse encore jeune, j'avais bénéficié de facilités imméritées et j'avais acquis une réputation internationale. Le Dr Peccei me dit : « Vous êtes connu internationalement comme un grand spécialiste, avec des idées sur la politique et les réformes éducatives à venir. Quelle est votre vision de la société pour les années à venir ? Quels sont vos motifs d'espoirs et quelles possibilités envisagez-vous ? » Avec sa chevelure blanche distinguée et sa gestuelle typiquement italienne, il fit une très forte impression sur moi.
Je crus d'abord qu'il devait plaisanter en me posant de telles questions. Mais je compris immédiatement que sa foncière bonne foi le poussait à solliciter mon avis, car le fait de développer et d'améliorer l'éducation est un moyen d'aider les générations futures qui auront en charge le développement durable.

IKEDA • Oui, c'est comme si je l'entendais parler, à sa manière si sincère. À cette époque, le Dr Peccei apportait l'élan qui changeait une vie.

DÍEZ-HOCHLEITNER • Oui, c'est vrai. Quand, et où, l'avez-vous rencontré pour la première fois ?

IKEDA • L'historien britannique Arnold Toynbee, qui désirait me voir entrer en dialogue avec des intellectuels de premier plan du monde entier, me donna les noms de plusieurs interlocuteurs possibles. Le Dr Peccei était l'un d'entre eux. Vous dites que votre rencontre avec lui fut, dès le premier contact, un « coup de foudre intellectuel ». Pour ma part, j'ai éprouvé une sympathie instantanée avec son personnage.
Lui et moi nous discutâmes des révolutions dans la nature humaine et de la révolution humaine, dont il était lui-même un véritable exemple. Bien sûr, la nature de la révolution humaine dépend de la personne. Au sens large,

c'est la trajectoire le long de laquelle les gens deviennent meilleurs et créent une plus grande valeur dans leur propre existence, ou se mettent en mouvement dans cette direction. À la lumière de cette définition de la révolution humaine, le Dr Peccei est, à mon avis, un champion de la réforme intérieure et de la création de valeurs.

J'ai senti les convictions inflexibles qui lui avaient permis de survivre sans fléchir à l'oppression fasciste. Sans être aveuglés par les intérêts ou les désirs personnels, ses yeux voyaient loin dans l'avenir, avec une perspective à la fois vaste et à long terme. Il s'efforçait de dépasser l'esprit de spécialisation et d'incorporer la sagesse interdisciplinaire du plus grand nombre. Regardant la réalité en face, il avait le courage de ses convictions et la volonté de les mettre en pratique. Au cœur de tout cela, brûlaient un amour ardent et un sentiment de responsabilité pour l'humanité.

Il traitait d'irresponsables les dirigeants du monde de cette époque et il soutenait que si on laissait les conditions qui prévalaient alors persister de façon incontrôlée, cela ferait du monde du XXIe siècle un endroit stérile et ruinerait à la fois la nature et l'humanité.

Il accusait les leaders politiques, les hommes d'affaires, les scientifiques, les savants et les bureaucrates de ne rien faire face à des vérités d'évidence. Il leur reprochait d'être enfermés dans leurs propres intérêts immédiats et il disait que l'humanité devait connaître une révolution sans délai. Je peux encore l'entendre dire, avec sincérité : « On n'a plus le temps. »

DÍEZ-HOCHLEITNER • Il est certain que l'un des grands problèmes du moment est le manque de leaders responsables qui comprennent que notre crise n'est pas simplement matérielle. Le monde a besoin, aujourd'hui, de leaders dotés d'une vision solide et à long terme plus que de toute autre chose.

IKEDA • Le premier de mes cinq entretiens avec le Dr Peccei eut lieu le 16 mai 1975. Bien que ce fût l'anniversaire de son épouse Marisa, il fit tout le chemin depuis l'Italie pour me rejoindre à notre centre de la SGI à Paris. J'avais alors quarante-sept ans. Lui, à soixante-six ans, était un homme solidement bâti, débordant de sincérité. Notre entretien commença dans un salon de réception, mais, très vite, nous avons abandonné les contraintes de l'espace fermé pour le jardin et le ciel bleu d'un mai parisien. Comme nous sortions, je fus fortement impressionné par ses mouvements alertes et par l'élégance d'un homme qui avait passé des années dans le monde des affaires. Une lumière brillante illuminait les fleurs de pommier blanches, et un parasol orange faisait contraste avec la pelouse verte. On transporta les fauteuils dehors, et c'est là que nous avons discuté pendant deux heures et demie environ.

DÍEZ-HOCHLEITNER • Vous avez fait là une bien belle description. Comment votre dialogue s'est-il déroulé ?

IKEDA • Se référant à l'histoire humaine, il dit que l'humanité avait connu trois révolutions : l'industrielle, la scientifique et la technologique, toutes trois provoquées par des forces externes. Mais il mettait en doute tant leurs buts que leur mise en œuvre, soutenant que notre échec à développer la sagesse potentielle que ces révolutions pouvaient apporter a abouti à une ignorance surprenante. Pendant que la technologie progressait, la culture, elle, est restée immobile, fossilisée. Il insistait sur le fait qu'une renaissance spirituelle de l'humanité était nécessaire pour combler ce manque. Il voulait dire, par là, une révolution de l'humanité elle-même.
Jusque-là, il avait préconisé une révolution humaniste. Mais il reconnut finalement que, en dernière analyse, tout relevait de la révolution humaine. Il avait un exemplaire de l'édition anglaise de mon livre, *La Révolution humaine*. Pendant que nous discutions de ces deux types de révolutions, le Dr Peccei me demanda combien cela prendrait de temps pour accomplir la révolution humaine. Il avait l'impression que les problèmes sérieux que l'humanité devait affronter étaient trop nombreux pour que nous attendions

un siècle à nous réformer nous-mêmes. Je lui ai répondu que, parce que cela met environ dix ans pour une personne, réussir la même chose pour des groupes de grande taille exigerait probablement un temps beaucoup plus long. Pourtant, nous ne ferons aucun progrès si nous n'agissons pas et si nous ne plantons pas la graine maintenant.

DÍEZ-HOCHLEITNER • Le Dr Peccei avait l'habitude de dire que, sous l'emprise de la fièvre de consommation, les êtres humains gaspillent les ressources naturelles et les sources d'énergie, et que, en agissant de cette manière, ils polluent le sol, l'eau et l'atmosphère de la planète. Il disait aussi que, si l'on ne prenait pas en considération l'avenir de la planète, l'environnement naturel, dont notre existence dépend, serait perdu.
Il croyait que préserver et restaurer l'environnement était dans notre propre intérêt. Il soutenait aussi que violer l'environnement naturel était moralement interdit.
Sur la base des taux de croissance à venir et des statistiques de population, croisés avec les ressources naturelles, l'énergie et l'environnement, le club de Rome en vint à la conclusion que, tout en admettant que le développement était une chose importante, celui-ci devait être durable – le terme « développement durable » n'était pas encore en usage à ce moment-là. Notre opinion était que, si la croissance économique continuait au même rythme que celui qu'elle avait suivi jusqu'à présent, l'environnement dans lequel vivent les êtres humains serait détruit et la survie de l'humanité elle-même rendue impossible.

IKEDA • Dans son dialogue avec moi, le Dr Peccei déclarait que le mythe de la croissance économique avait pollué l'esprit humain. Il mettait en garde contre une catastrophe qui se rapprochait et qui aurait un effet de dominos, par le résultat combiné de l'explosion démographique, de la destruction environnementale, de la dilapidation des ressources naturelles et du tragique décalage entre les nations riches industrialisées et le reste du monde. Comme les gens

paresseux plaidaient l'indifférence ou feignaient de croire que les choses finiraient, d'une manière ou d'une autre, par s'arranger d'elles-mêmes, le Dr Peccei s'écriait que la mauvaise direction prise par le bateau errant de l'humanité devait être modifiée tout de suite. Sinon, il serait trop tard.
Armé de cette conviction, il convoqua, en 1968, à Rome, une conférence d'intellectuels qui fut le point de départ du think tank (groupe de réflexion) international qu'on appelle le club de Rome.

DÍEZ-HOCHLEITNER • Mes relations avec le Dr Peccei s'approfondirent lorsque je quittai Washington pour le siège de l'Unesco en France, puis, quatre ans plus tard, pour l'Espagne. À Paris, nous avons constitué un petit groupe de personnes qui étaient mécontentes de notre société et qui espéraient faire quelque chose pour l'améliorer. Parmi ceux qui assistaient à nos petites réunions, il y avait Alexander King, qui fut le deuxième président du club de Rome, mon cher et respecté ami M. René Maheu, qui était alors directeur général de l'Unesco, M. Jermen Gvishiani, gendre du Premier ministre soviétique Alexei Kossyguine, et lui-même une personne alors importante en Union soviétique, et M. Hugo Thiemann, directeur de l'institut Battelle à Genève.
En mai 1968, je fus nommé sous-secrétaire d'État pour l'Éducation, la Science et la Culture en Espagne – grâce au soutien discret du prince Juan Carlos d'Espagne (qui deviendra plus tard le roi Juan Carlos Ier) – pour diriger une réforme complète de l'éducation en Espagne. Les étudiants des nations occidentales organisaient alors des mouvements pour exprimer leur mécontentement sur le plan social, et tous ces événements me ravirent au plus haut point. Bien que je n'aie finalement pris aucune part aux mouvements étudiants, j'ai compris que nous avions là d'extraordinaires opportunités, grâce au soutien qu'elles apportaient à l'idée de changement.
Comme je ne crois pas aux coïncidences, je préfère voir dans cette situation un merveilleux exemple de la relation

de cause à effet. Cela me fit percevoir les raisons pour lesquelles j'étais né. Les choses arrivent parce qu'elles doivent arriver. Sans doute ai-je foi en la Providence. Quoi qu'il en soit, je crois que nous devons profiter de toutes les occasions que la vie nous offre.

Pendant ce temps, Aurelio Peccei convoquait une première réunion formelle dans les locaux de l'Accademia dei Lincei (Académie des Lynx), à Rome. Cette réunion devait constituer l'acte de naissance officiel du club de Rome. La rédaction d'un premier « Rapport au club de Rome » fut confiée à une équipe de recherche du Massachusets Institute of Technology (MIT), dirigée par Donella Meadows, avec le soutien technique du Pr Jay Forrester et l'appui financier de la Fondation Volkswagen.

IKEDA • Et le Dr Peccei était au centre de tout cela, comme la figure d'un père compatissant. En sa qualité de philosophe, sa vue portait loin dans le futur. En sa qualité d'économiste, il eut immédiatement un rôle décisif. Ces deux traits de caractère étaient le fruit de son amour de l'humanité. Telle était sa grandeur.

Comme vous l'avez dit, le club de Rome n'aurait pas pu naître sans cette préoccupation de l'avenir de l'humanité qu'avait le Dr Peccei. Il offre la preuve vivante qu'une révolution humaine chez un seul individu peut changer le monde.

Au début, les médias raillèrent le club de Rome. On se moquait du Dr Peccei en le décrivant comme un prophète de malheur. Mais il restait un optimiste convaincu, qui croyait que les êtres humains peuvent résoudre les problèmes auxquels ils sont confrontés, puisque c'est la confusion intérieure des êtres humains qui est la source de tous les problèmes. Les communistes le qualifièrent de capitaliste ; les capitalistes le qualifièrent de communiste. Les gens des pays en voie de développement l'accusèrent de vouloir entraver leur croissance. Des arguments inconsidérés prétendaient que l'inquiétude du club ressemblait à la peur des gens du XVIIIe siècle qui croyaient que l'accroissement du nombre de charrettes sur les routes risquait d'enterrer le monde sous des tonnes de fumier de cheval. Des savants tournèrent le club en dérision, en l'accusant d'ignorer les progrès technologiques.

Malgré tout cela, les opinions du club de Rome trouvèrent un soutien qui alla en se développant. Aujourd'hui, l'humanité entière reconnaît les contraintes qui sont celles de notre planète. Maintenant, les organisations internationales, les gouvernements nationaux et les organisations privées commencent partout à s'occuper des problèmes mondiaux, de la problématique de la mondialisation. Le Sommet de la terre des Nations unies, en 1992, et le Sommet mondial sur le développement durable tenu en Afrique du Sud, en 2002, illustrent de tels efforts.

Nous nous sommes désenivrés de notre obsession exclusive pour un mode de vie plus opulent. Le problème est immense, mais la pression grandissante de l'opinion publique internationale est plus forte. Un seul pas du Dr Peccei s'est changé en un bond de géant pour l'humanité.

Il continua à travailler activement jusqu'à sa mort, à l'âge de soixante-quinze ans, le 14 mars 1984. En fait, il était en train de dicter, de son lit de malade, un dernier témoignage de sa vision de l'avenir, douze heures encore avant la fin.

DÍEZ-HOCHLEITNER • D'une certaine manière, ce dialogue entre vous et moi est consacré à la mémoire du Dr Peccei. Les vivants ont le droit et la responsabilité de continuer à parler. Mais les morts aussi – notamment des personnes comme le Dr Peccei dont l'héritage survit pour la postérité – ont droit à un souvenir empreint de respect.

IKEDA • Je suis d'accord avec vous, et j'espère que, en usant de ce noble devoir de mémoire, et en prenant la philosophie et la pratique de la révolution humaine comme lumière pour nous guider, vous et moi pourrons discuter de façon étendue de la mission du genre humain et de l'avenir de la civilisation de notre planète.

CHAPITRE II

L'enfance

IKEDA • Selon notre département des publications, ce dialogue qui – en conservant votre suggestion – a été intitulé, pour l'édition japonaise, *L'Orient et l'Occident les yeux dans les yeux*, suscite déjà une réaction considérable de la part du public, du fait de l'accent mis sur la paix et la culture au XXIe siècle.[1]

DÍEZ-HOCHLEITNER • Je suis très honoré. Pouvoir discuter avec vous de sujets variés est une magnifique occasion pour l'esprit, à une époque où la compréhension profonde entre l'Orient et l'Occident est d'une importance capitale.

IKEDA • Vous êtes un véritable citoyen du monde : vous avez été membre du Conseil exécutif de l'Unesco, sous-secrétaire d'État à l'Éducation et à la Science en Espagne, directeur de la Planification de l'éducation en Colombie, et chef du département des Investissements dans l'éducation à la Banque mondiale. Je suis très désireux de savoir comment vous êtes devenu une figure aussi active de la scène mondiale. J'ai compris que vous avez eu un père espagnol et une mère allemande. Le caractère international de votre famille

---

1. Avant son édition en livre, ce dialogue a été publié en épisode dans le mensuel japonais *Daisan Bunmei*.

est souligné par le nombre de langues que vous tous parlez : votre père, quatorze, votre mère, sept, et vous-même quatre.

DÍEZ-HOCHLEITNER • Oui, l'espagnol est la langue dans laquelle j'ai fait mes études. Bien que nous ayons eu peu d'occasions de parler allemand dans ma jeunesse, je suis à l'aise dans cette langue toutes les fois que je passe quelques jours en Allemagne. J'utilise l'anglais et le français dans mon travail. Je comprends le russe (bien que je n'aie parlé couramment cette langue que jusqu'à l'âge de dix ans) et je comprends encore les structures littéraires du latin et du grec.
Mes parents ont toujours rendu hommage à leurs propres racines culturelles. Ils n'eurent jamais l'esprit de clocher et ils étaient très ouverts et tolérants à l'égard de la diversité culturelle. Comme j'ai été élevé dans cet esprit, j'ai grandi en étant bien conscient des défis et des chances que nous offre la vie, et j'ai développé un puissant engagement dans le travail sur les questions de l'apprentissage progressif, de la réforme et de l'éducation. Cette approche, combinée à un certain degré de hardiesse, m'a permis de saisir avec enthousiasme les nombreuses et superbes occasions que j'ai rencontrées et de les exploiter sérieusement et avec une grande passion.

IKEDA • Votre mère et votre père étaient tous deux linguistes. Si je comprends bien, votre père a composé de nombreux dictionnaires, parmi lesquels un dictionnaire étymologique de la langue espagnole.

DÍEZ-HOCHLEITNER • Je pourrais parler de mon père pendant des heures ; mon cœur se gonfle en pensant à lui. Il était né dans une famille pauvre de Castille. Il vint à Bilbao, au pays basque, pour y faire des études. Après s'être spécialisé en philologie, il obtint un doctorat sur les sources de la langue basque. Il servit d'abord dans l'enseignement primaire et secondaire, avant d'enseigner à l'université Deusto de Bilbao et, plus tard, à celle de Salamanque. Bien qu'il fût fort admiré à Bilbao, il n'a jamais pris de grands airs. Il a toujours manifesté un grand respect envers ses enfants, envers notre mère et envers toute autre personne. Il fut un mari et un père modèles.

IKEDA • Vous avez hérité de sa personnalité noble et magnanime.

DÍEZ-HOCHLEITNER • Il m'a enseigné que ce qui a la plus grande valeur, ce n'est pas la richesse matérielle, mais l'acquisition de la sagesse. Il ne s'intéressait pas du tout aux biens matériels. Alors qu'il faisait l'éloge de la technologie scientifique, il n'en faisait lui-même aucun usage. Il n'attachait aucune importance à des objets comme l'automobile, et il ne savait même pas conduire. Son intérêt était toujours concentré sur la lecture et la réflexion. En 1971, dans une cérémonie académique, en ma qualité de vice-ministre de l'Éducation, j'eus le privilège de le décorer dans l'Ordre d'Alphonse X le Sage. Je manque de mots pour exprimer le bonheur que j'ai ressenti à cette occasion. Il fut aussi président de l'Association espérantiste espagnole. Il a accompli toutes ces choses parce qu'il eut le bonheur d'avoir été l'élève d'un excellent enseignant en la personne du Pr Ignacio Gejo, titulaire d'une Médaille d'honneur de l'État. Dans une école primaire de province, M. Gejo a instruit mon père et l'a conduit jusqu'au niveau supérieur, et il lui a appris la sténographie et l'espéranto.

IKEDA • Le noble but de l'espéranto, que le Pr Gejo a enseigné à votre père, est d'unir toute l'humanité.

DÍEZ-HOCHLEITNER • Oui. Un oculiste polonais qui s'appelait Ludwik Lejzer Zamenhof créa l'espéranto en 1887, en combinant artificiellement des éléments de plusieurs langues. Il avait eu la merveilleuse idée de forger une langue mondiale libre de références culturelles spécifiques, d'attitudes psychologiques particulières et de considérations de profit. L'espéranto fut le point de départ de l'engagement professionnel approfondi de mon père en philologie. Mon père a écrit plusieurs livres et traduit nombre d'autres à partir de différentes langues.

IKEDA • Zamenhof était un juif, né en 1859 dans ce qui est aujourd'hui la Pologne, et qui, à l'époque, était une partie de l'Empire russe. Il eut des sympathies pour le sionisme dans sa jeunesse, mais, voyant dans celui-ci un nationalisme étroit[2], il l'abandonna pour ce qu'il appelait *homaranismo*, une forme d'humanisme[3]. Le noble esprit de l'*homaranismo* vit aujourd'hui en vous. Il a été transmis de Zamenhof au professeur Gejo, qui l'a transmis à votre père, lequel vous l'a communiqué à son tour. Ce genre de relais spirituel, de maître à disciple, est toujours la clé des vraies personnes de qualité.
Zamenhof se désignait lui-même comme un être humain et voyait toute l'humanité comme une seule grande famille. Tsunesaburo Makiguchi, le premier président de la Soka Gakkai, se considérait lui-même comme le citoyen d'un seul monde. Josei Toda, second président de la Soka Gakkai, se faisait le champion de l'unité ethnique mondiale de toute l'humanité et s'est toujours préoccupé de l'avenir de l'Orient et de l'Occident considérés comme un tout. Étant leur héritier, je m'efforce d'appliquer leurs philosophies.
Votre père s'est consacré complètement à ses recherches scientifiques, mais votre mère a dû être d'un grand soutien pour lui. Quel genre de personne était-elle ?

---

2. Zamenhof a donné de son éloignement du sionisme l'explication suivante : « ... ensuite, j'ai abandonné ce travail, car j'ai pensé que la manifestation d'un patriotisme national, chez les juifs, pourrait être néfaste à eux-mêmes et à l'unification de l'humanité... Après un certain temps, je compris que cette idée ne pouvait conduire à rien et je la rejetais, bien qu'elle demeurât pour moi un rêve très cher et agréable, mais irréalisable ... ». (*Leteroj* de Zamenhof, n° 92, pp. 105, 108, lettre du 21 février 1905 à Alfred Michaux, Ed. Sat, 1948).
3. Terme construit à partir des règles espérantistes de formation des mots composés. Les espérantistes francophones le définissent de la manière suivante : « Doctrine considérant les personnes avant tout sous l'angle de leur appartenance au genre humain, indépendamment de tout autre critère. » On pourrait parler à ce propos d'humanisme mondialiste. (NDT)

DÍEZ-HOCHLEITNER • Comme toutes les mères, la mienne donnait de l'amour, de la tendresse et de l'émotion, et elle nous a entourés de chaleur. Elle a passionnément consacré sa vie à ses enfants.

Née dans une famille riche de Munich, qui avait des liens avec la famille royale de Bavière, elle était devenue une étudiante de mon père à l'université de Deusto, à Bilbao. Elle avait quatorze ans de moins que lui, et, après avoir étudié la philologie, elle revint en Espagne pour se spécialiser en langues romanes. Là, elle rencontra à nouveau mon père et devint, plus tard, son indispensable assistante dans la composition de plusieurs dictionnaires : par exemple, les dictionnaires espagnol-allemand, espagnol-français, espagnol-anglais, et espagnol-russe.

Mes parents, tous les deux, accordaient une importance fondamentale à la liberté spontanée de leurs enfants : après avoir attiré notre attention sur tout ce dont nous avions besoin sur un sujet donné, ils laissaient le reste entièrement à notre responsabilité.

Mon père avait l'habitude de dire qu'il voulait faire l'expérience de la cécité. « Ce doit être une chose extraordinaire pour rendre la pensée plus intense, disait-il, parce que la vue empêche tellement la concentration. » Plus tard, en réalité, il a contracté des cataractes inopérables. Il est mort à l'âge de quatre-vingt-douze ans, en tenant la main de ma mère, tandis qu'ils parlaient tous les deux pour la dernière fois. J'ai une réserve inépuisable de souvenirs comme ceux-là.

IKEDA • C'est un beau drame humain.

Vous parlez quatre langues : qu'est-ce que vous considérez comme important pour l'apprentissage des langues ? Que vous ont enseigné vos parents, à ce sujet ?

DÍEZ-HOCHLEITNER • Tout d'abord, il est préférable de commencer enfant, ou quand on est jeune. Un environnement rempli d'amour est important parce que cela facilite l'apprentissage des langues. Comme vous l'avez souligné, mon père parlait quatorze langues. Je suis né quand ma mère apprenait le russe ; elle me parlait russe dans mon berceau, et les premiers mots que j'ai prononcés furent en russe. Ensuite, j'ai étudié l'allemand, la langue maternelle de ma mère. Bien que je sois espagnol, je n'ai appris couramment l'espagnol que plus tard, après le français et l'anglais. Mon père a toujours travaillé dur pour communiquer son savoir, du mieux qu'il pouvait. Ma sœur aînée et moi parlions une langue différente chaque jour de la semaine, de telle sorte que nous pouvions parler latin un jour et grec le lendemain. Nous étions obligés de le faire, mais la demande était imposée affectueusement. Parce qu'ils adoraient les langues, mes père et mère expliquaient toujours les étymologies et la racine des mots. Nous n'apprenions pas les mots comme de simples moyens d'expression ; leur étude était accompagnée d'introductions aux admirables cultures qu'ils expriment. Par exemple, en même temps que la langue russe, nous étudiions l'art et les traditions russes et les comparions avec leurs équivalents espagnols.

IKEDA • Oui, étudier une langue est très important, bien que les conditions politiques puissent y faire obstacle. Par exemple, sous le régime militariste japonais – pendant ma jeunesse – l'anglais était interdit, car c'était la langue de l'ennemi. Avec des préjugés de ce genre, il n'y a rien d'étonnant à ce que notre nation soit allée à sa perte.
Il est évident que nous devons garder l'esprit ouvert et respecter les autres cultures. Un véritable citoyen du monde souffre, se réjouit et éprouve le sentiment d'union et de solidarité en tant que membre d'un unique genre humain.

DÍEZ-HOCHLEITNER • Le désir de compréhension mutuelle fournit une impulsion puissante à l'étude des langues. Nous devons nous efforcer de garder notre esprit ouvert aux autres cultures, idéaux et croyances. J'ai toujours fait face courageusement à tous les problèmes qui surgissaient dans mon travail. J'ai mis tout mon cœur dans tout ce que j'ai fait, en exploitant toutes les forces de créativité, de changement et d'imagination qui sont indispensables aux progrès linguistiques. Aujourd'hui, on donne le nom d'intelligence émotionnelle (IE) à ce type de pouvoir imaginatif, dont on reconnaît largement l'importance majeure.

IKEDA • L'étude des langues doit être un effort de l'être humain tout entier, pour lequel les opérations de nature spirituelle – émotionnelles et intellectuelles – sont mobilisées.

DÍEZ-HOCHLEITNER • Oui. Quand il est devenu âgé, et que j'étais, moi-même, déjà devenu très actif sur le plan international, mon père m'a suggéré quelque chose que j'ai accepté comme une vérité fondamentale. Parce qu'il voulait que je devienne un « citoyen du monde », il me conseilla de dialoguer avec toutes sortes de personnes et me recommanda de comprendre parfaitement mes propres racines, de façon à être en mesure de comprendre celles des autres.
Même au milieu des situations les plus graves et les plus médiocres, nous pouvons apprendre des autres et discerner chez eux de la beauté, Mais comprendre les autres exige que nous connaissions ce qu'il y a d'essentiel en nous et que nous examinions sincèrement nos bons et nos mauvais côtés.

IKEDA • Je suis d'accord. Examiner ce qui constitue notre personnalité est très important. Ni mon maître Josei Toda ni son maître Tsunesaburo Makiguchi n'ont voyagé hors du Japon. Moi, leur disciple, j'ai visité cinquante-quatre pays et territoires différents, dans lesquels j'ai participé à des discussions avec nombre de dirigeants. De cette manière, j'ai vérifié la totale universalité des idées et des actions de l'humanisme de M. Toda et de M. Makiguchi.

DÍEZ-HOCHLEITNER • Mais, maintenant, je voudrais savoir comment un citoyen du monde de votre envergure s'est révélé. Je pense que Josei Toda a joué un rôle majeur dans ce processus. J'ai envie d'en apprendre plus à son sujet.

IKEDA • Vous avez dit que votre cœur se gonfle en pensant à votre père. De même, mon cœur se gonfle aussi au souvenir de mon maître Josei Toda. Quatre-vingt-dix-hui pourcent de ce que je suis aujourd'hui, je le tiens de lui. Né dans la préfecture d'Ishikawa, Josei Toda grandit dans le village de pêcheurs d'Atsuta, dans l'île de Hokkaido. C'est dans le système éducatif qu'il rencontra Tsunesaburo Makiguchi, qui devint son maître, tout comme le Pr Ignacio Gejo devint celui de votre père. Comme étudiants et chercheurs en éducation humaine, M. Makiguchi et M. Toda fondèrent la Soka Kyoiku Gakkai (« Société pour une éducation créatrice de valeurs »), précurseur de la Soka Gakkai.

DÍEZ-HOCHLEITNER • Comment en êtes-vous venu à rencontrer M. Toda ? Pourquoi l'avez-vous choisi comme le maître de toute votre vie ?

IKEDA • J'ai rencontré M. Toda après la Seconde Guerre mondiale, en 1947, à l'âge de dix-neuf ans. Avec l'effondrement de l'ultranationalisme, les valeurs du peuple japonais étaient dans une confusion totale. En une occasion, un ami m'invita à assister à une réunion où l'on devait discuter d'une philosophie consacrée précisément à la force de vie. À cause de mon intérêt très vif pour la question, et en pensant à l'idée bergsonienne de « force vitale », j'ai accepté d'y assister.

M. Toda était l'orateur. Bien que son sujet fût le bouddhisme, il ne prêchait pas comme un moine, pas plus qu'il ne se livrait à des étalages de mots abscons comme font certains philosophes. Au lieu de cela, il faisait des observations pénétrantes, avec un esprit ouvert et libéral, sur la vie concrète et la société. Sa personnalité était encore plus captivante que ses mots.

À l'époque, j'avais beaucoup de questions sur la manière de mener une vie droite, sur ce qu'était le patriotisme véritable et sur l'empereur. Je les lui posais, et ses réponses sincères allaient en plein cœur de chacun des sujets. Des vérités que j'avais recherchées désespérément devenaient brusquement vivantes pour moi, et je compris que M. Toda était une personne en qui je pouvais mettre ma confiance. Maintenant, quand j'y pense, je comprends que la personnalité de M. Toda était une manifestation de la grande sagesse du bouddhisme.

DÍEZ-HOCHLEITNER • Les expériences de la guerre ont dû grandement influencer votre décision.

IKEDA • Oui, bien sûr. M. Makiguchi et M. Toda furent tous les deux persécutés et emprisonnés par les autorités militaires, pour s'être opposés à leur guerre d'agression. M. Makiguchi mourut en prison, après deux années d'emprisonnement. M. Toda fut relâché. Ces faits furent décisifs pour moi. J'adoptais comme une mesure du caractère d'une personne la force qu'elle mettait à s'opposer à la guerre, même quand agir de cette manière signifiait l'emprisonnement. Henry D. Thoreau disait : « Sous un gouvernement qui emprisonne n'importe qui injustement, la véritable place d'un homme juste est en prison. » M. Toda et le Dr Peccei ont brillé tous d'eux d'une noble lumière spirituelle, parce qu'ils ont supporté la prison pour leurs convictions.

DÍEZ-HOCHLEITNER • J'ai compris que la philosophie de la Soka Gakkai considère que la réforme d'une seule personne a une grande résonance sur la réforme de la société dans sa totalité. Quelle était la source de cette philosophie, pour M. Toda ?

IKEDA • Il la découvrit alors qu'il luttait pour la vie en prison. Voici ce qu'il disait de cette expérience : « Je fus emprisonné pendant deux ans. C'était dur, mais, en y réfléchissant maintenant, je vois que j'y ai beaucoup gagné. Si je n'avais pas souffert pendant deux ans dans l'obscurité de la vie carcérale, je ne serais jamais entré en contact avec le bouddhisme dans toute sa grandeur. Je n'aurais pas atteint le but suprême et le plus noble de la vie. »

Son combat courageux contre la cruelle oppression lui permit de creuser en profondeur jusqu'aux racines de son être, en effectuant une recherche minutieuse sur la signification du Sûtra du Lotus, l'écriture suprême du bouddhisme.
Cette recherche lui a fait prendre conscience de la force universelle de vie qui, comme l'enseigne le Sûtra du Lotus, est l'essence de la vie telle qu'elle se manifeste dans chaque individu. Certaines personnes sont conscientes de cette force et se vouent à l'incarner pour essayer de sauver l'humanité de la souffrance. Le Sûtra du Lotus appelle ces personnes-là des bodhisattvas sortis de la terre. M. Toda qualifiait de révolution humaine les efforts pour incarner cette force de vie suprêmement noble.
Libéré de prison et confronté à une nation ravagée par la guerre, il n'avait qu'un désir brûlant : éliminer la misère du monde. Le moyen fondamental pour y arriver est d'aider chaque individu à accomplir sa révolution humaine. Fort de cette conviction, M. Toda décida de reconstruire la Soka Gakkai et de développer le mouvement de la révolution humaine.

DÍEZ-HOCHLEITNER • Par conséquent, si je comprends bien, vous avez rejoint ce mouvement et partagé ses épreuves.

IKEDA • Sous cette direction, j'ai reçu la meilleure formation possible. Peu importe les temps difficiles qu'il y a eu, j'ai toujours considéré qu'étudier avec lui était le bonheur suprême. Deux ans après que nous nous fûmes rencontrés, j'ai commencé à travailler dans sa maison d'édition. Dans le bouleversement économique de l'après-guerre, ses tentatives pour développer ses affaires se terminèrent en faillite. L'un après l'autre, les autres employés partirent, jusqu'à ce que je reste seul. Finalement, M. Toda m'a demandé de renoncer à mes cours du soir et de faire tout mon possible pour remettre ses affaires sur pied. D'une voix éplorée, il s'excusait de changer mes plans. Mais j'ai aussitôt dit oui. Pour remplacer ma scolarité interrompue, il m'instruisit lui-même.

J'ai fréquenté ce que j'appelle l'« université Toda », et celle-ci fut supérieure à toutes les autres. Jusqu'à l'année précédant sa mort, il me donna des cours d'économie, de droit, d'administration, de théorie de l'évolution, de chimie, d'astronomie, Il est possible que le travail supplémentaire provoqué par ce programme d'enseignement ait, finalement, abrégé sa vie.

Tout d'abord, M. Toda aimait les gens ordinaires. Il voulait vivre parmi eux, en partageant leurs joies et leurs peines, quand il diffusait les enseignements bouddhiques. Par là, il incarne l'attitude exprimée par Nichiren : « Et Nichiren déclare que les différentes souffrances subies par tous les êtres vivants, sont toutes les siennes propres. »[4]

Sur la base de l'esprit bouddhique de compassion, M. Toda exhortait les gens à se considérer comme des citoyens de la planète entière, c'est-à-dire des citoyens du monde. Il publia, en outre, sa Déclaration sur l'abolition des armes nucléaires et confia aux jeunes gens du monde la tâche d'accomplir cet idéal. La Soka Gakkai internationale (SGI) est maintenant active dans cent quatre-vingt-dix nations et territoires à travers le monde. L'objectif de ce mouvement pour la paix est la réalisation de son idéal.

Je ressens toujours une profonde gratitude pour M. Toda, et je célèbre ses efforts pour éveiller dans l'humanité la force de vie digne de la plus haute estime qui est en chaque personne. Faire cela est le comble de ma joie et ma plus grande mission.

---

4. Nichiren, *The Record of the Orally Transmitted Teachings*, Tokyo, Soka Gakkai, 2004, p. 138.

CHAPITRE III

L'Espagne : le pays et la culture

IKEDA • Je voudrais maintenant discuter de la géographie et de la culture de l'Espagne, votre pays, et examiner la spiritualité d'une nation qui produit des citoyens du monde comme vous. L'Espagne est connue comme le « pays du soleil ». Quelle est la partie de votre pays où il est le plus agréable de vivre ?

DÍEZ-HOCHLEITNER • Eh bien, la réponse change selon l'individu et elle dépend surtout de la présence d'amis, de relations ou de voisins avec lesquels on se sent culturellement et/ou spirituellement bien ! Sur le plan géographique, l'Espagne comporte une grande variété de paysages, depuis ses côtes jusqu'à son centre montagneux ; il y a des différences de climat, mais il y fait surtout chaud. Mes endroits favoris, là où je pense que se trouvent mes racines, sont Bilbao et Palencia. Bilbao – où l'on m'a décerné le titre de « consul honoraire » – est au nord. C'est là que je suis né et ai grandi. C'est une ville industrielle, avec son crachin caractéristique (*sirimiri*). Palencia, au centre du pays, est l'endroit où mon père est né et celui dont je suis devenu un « fils adoptif ».
Je garde cependant des souvenirs attendris de séjours dans d'autres endroits hors d'Espagne : en particulier à Munich, à Bogotá, à Paris et à Washington. Par conséquent, je ressens, dans mon cœur et dans mon esprit, que je ne suis pas

seulement un Espagnol fervent, mais aussi un Européen et un citoyen du monde, grâce aux fréquentes missions que j'ai faites pour des organisations internationales sur tous les continents, dans le monde entier.
Ce sentiment a été accru par la citoyenneté d'honneur que m'ont décernée des pays comme la Tanzanie, l'Afghanistan et, en particulier, la Colombie.

IKEDA • Votre expérience internationale explique votre affection pour ces lieux.

DÍEZ-HOCHLEITNER • Ma femme est de Valladolid, près de Palencia, dans la communauté ensoleillée de Castille-et-León. Après avoir vécu pendant des années à l'étranger, quand nous sommes revenus, elle et moi, à Palencia, je n'ai pu m'empêcher de m'écrier : « Valladolid et Palencia sont vraiment le centre de notre monde ! » Nous avons pu acheter un terrain dans les contreforts vallonnés de Reinoso del Cerrato, près de Villaviudas, le lieu de naissance de mon père. Nous l'avons replanté d'arbres avec des amandiers et d'autres espèces, et nous l'avons appelée *Montepaz* (« colline de la paix »). De notre terrain, nous pouvons regarder, au bas de la colline, le cimetière de Villaviudas où mes parents sont enterrés. Montepaz est l'endroit où je médite et où j'écris sur l'avenir de l'humanité et de la nature.

IKEDA • Ce que vous dites évoque de magnifiques images d'Espagne. Baigné par la puissante lumière du soleil de l'Europe méridionale, votre pays est véritablement une terre de passion, où vivent des gens pleins d'entrain, assez vigoureux pour surmonter tous les obstacles.
Les habitants pleins de passion des îles espagnoles des Canaries font aussi montre de grands sentiments de solidarité et d'amitié. J'ai le souvenir vif d'avoir encouragé les membres de notre association en leur disant : « Christophe Colomb fit escale aux îles Canaries, en route pour la découverte du Nouveau Monde. J'espère que les habitants de

ces îles vont promouvoir une nouvelle vague de navigateurs pour ouvrir la voie à l'âge de l'humanisme. »

DÍEZ-HOCHLEITNER • J'ai maintenant davantage d'occasions de visiter le sud de l'Espagne que lorsque j'étais jeune. Madrid a un climat agréable : bien qu'il y fasse chaud, on peut toujours échapper à la chaleur en rejoignant les montagnes voisines. Mais, pour moi, l'élément le plus important est la chaleur du cœur humain. Le meilleur endroit pour y vivre est celui où vous trouvez amitié et compréhension. En outre, au contact de nombre de personnes âgées, et peut-être illettrées, on bénéficie souvent de la sagesse de leurs identités culturelles respectives.

IKEDA • Je suis d'accord. La dépression et les frictions dans les relations humaines gâchent même le climat le plus attractif. Les êtres humains ont aussi la capacité de faire de l'environnement le plus inhospitalier un lieu d'épanouissement personnel. Dans sa *Géographie de la vie humaine*, Tsunesaburo Makiguchi a écrit : « Mais c'est à travers notre interaction spirituelle avec la Terre que les traits distinctifs que nous considérons comme véritablement humains sont cultivés et entretenus en nous. Nos interactions spirituelles avec ce qui nous entoure sont presque illimitées en variété et diversité. »[1]

Un cadre naturel riche en amitié, sagesse et confiance nous inspire un espoir radieux.

DÍEZ-HOCHLEITNER • C'est certainement vrai. J'ajouterai que de nombreux visiteurs venant en Espagne se rendent sur la Costa del Sol, pour y trouver le soleil et la mer. Pour ma part, je ne suis pas intéressé par les bains de soleil. Cependant, les actuels changements climatiques et le réchauffement global croissant peuvent signifier que, dans peu de temps,

---

1. Tsunesaburo Makiguchi, *A Geography of Life*, San Francisco, Caddo Gap Press, 2002, p. 25.

nous serons obligés d'aller plutôt en Europe du Nord, afin de chercher la lumière du soleil sans chaleur ni sécheresse excessifs. Espérons que cela n'arrivera pas !

IKEDA • Nous avons eu, assurément, un temps inhabituel au cours de ces dernières années. La canicule qui a frappé l'Europe, pendant la première moitié du mois d'août 2003, a causé d'immenses dommages. De nombreuses personnes sont décédées : plus de 1000 en Espagne, plus de 1300 au Portugal et plus de 10000 en France. Les opinions diffèrent sur la question de savoir si cette canicule était liée au réchauffement global, mais, quoi qu'il en soit, si l'on veut réduire les dommages causés par ce genre de phénomène, cela implique plusieurs sortes d'actions politiques relevant des sciences de la nature, de la médecine et des services sociaux.
Bilbao, votre ville natale, est située au Pays basque, célèbre dans le monde entier pour sa beauté naturelle. Que trouvez-vous de plus attractif, dans ce pays ?

DÍEZ-HOCHLEITNER • Ses montagnes en pente douce représentent la partie la plus attirante de la province basque de Biscaye. Il est facile de monter au sommet, et, en descendant par les pistes étroites qui mènent vers le bas, on peut profiter de la vue des forêts de pins et des prairies, dont les senteurs se mêlent avec l'air vif de la mer qui monte du rivage. L'estuaire de Bilbao, la rivière Nervión, est à la fois un bras de mer et un fleuve doté de marées. C'est, en fait, l'axe central de la cité.
La région est faite d'une série de vallées, de collines arrondies et de montagnes pleines d'escarpements. Quand j'étais jeune, marcher dans les montagnes me fortifiait physiquement. C'était, en vérité, ma principale forme d'exercice. Cependant, la meilleure part, c'étaient les amitiés que j'avais nouées avec les habitants, en les rencontrant dans leurs maisons rurales – *caserios* – entourées de terres pâturées par le bétail.

La ville de Bilbao elle-même est à la fois animée et élégante, notamment depuis l'ouverture du Musée Guggenheim et la rénovation urbaine en cours aux alentours.

IKEDA • La Communauté autonome basque (*Comunidad Autónoma Vasca*) est une des dix-sept communautés autonomes et deux villes autonomes qui forment le royaume d'Espagne. Chacune d'entre elles a son propre et riche héritage culturel, évoluant harmonieusement à côté des autres. Le concept même d'un tel accord offre un exemple parfait à toute l'humanité.

DÍEZ-HOCHLEITNER • Oui, l'unité est le plus grand don que l'Espagne a reçu d'une longue histoire et d'une transition pacifique après la dictature, sous la direction du roi Juan Carlos. L'Espagne a connu la civilisation chrétienne de l'Occident et la civilisation islamique de l'Orient. Comme vous le dites, il y a, dans notre pays, de multiples traditions culturelles différentes, qui entretiennent toutes de fortes relations entre elles. Quand on la questionne sur ses liens du sang, mon épouse dit toujours : « Comme tous les Espagnols, j'ai aussi du sang arabe et du sang juif dans mes veines. » En entendant cela, les gens ont souvent du mal à cacher leur surprise. Mais, en plus du sang arabe et juif, du sang celte, goth, romain et phénicien coule très probablement aussi dans nos veines. La famille de ma grand-mère provient de Suisse (près de Zurich), et l'on dit que son nom, Hoeng, est d'origine asiatique. C'est formidable : cela montre que l'intégration du monde est une réalité qui progresse chaque jour davantage.

IKEDA • Avec la mondialisation, la technologie informatique et le progrès des communications, le mouvement d'unification du monde est devenu irréversible. Nous sommes à un tournant, à un moment où une compréhension plus grande entre les sociétés par le dialogue est devenue incroyablement cruciale. L'humanité peut apprendre beaucoup de l'histoire de l'Espagne, faite d'harmonie et de fusion entre les peuples.

DÍEZ-HOCHLEITNER • C'est bien de votre part de dire cela. Tout le monde – juifs, musulmans, chacun d'entre nous – mérite le respect. Je préfère de beaucoup parler de profond respect plutôt que, simplement, de tolérance. Bien que je sois européen, nombre de mes amis et collègues sont israéliens, palestiniens ou originaires des pays arabes, africains, asiatiques.

IKEDA • L'amitié relie les gens entre eux et encourage la paix. C'est pourquoi j'ai engagé des dialogues directs avec des personnes d'origines religieuses et philosophiques différentes, parmi lesquels Arnold J. Toynbee, Aurelio Peccei, Majid Tehranian, Nur O. Yalman, Chou En-lai, Mikhail Gorbatchev et Nelson Mandela. La gamme des dialogues menés par la SGI couvre toutes les parties du globe, à savoir l'Europe, les États-Unis, l'Asie, l'Amérique du Sud et l'Afrique. Par une étude partagée des questions de nationalité, d'appartenance ethnique, de culture et d'art, nous recherchons l'entente et la compréhension mutuelle.
Pour la satisfaction de ceux que l'Espagne intéresse, continuons notre discussion sur votre pays.

DÍEZ-HOCHLEITNER • J'en serai très heureux. J'aime beaucoup parler de mon pays bien-aimé. En tous cas, permettez-moi de vous dire combien j'admire votre esprit d'ouverture à toutes les cultures et croyances, comme cela apparaît dans vos écrits et vos dialogues avec un éventail considérable de personnalités bien connues et hautement respectées, parmi lesquelles mon très cher ami le fondateur du club de Rome, qui fut mon prédécesseur à sa tête.

IKEDA • L'Espagne et le Japon ont eu des échanges depuis environ quatre siècles et demi. Saint François-Xavier (1506-1552) fut le premier Espagnol à visiter le Japon. Comment les Espagnols le considèrent-ils aujourd'hui ? Quels sont les Japonais célèbres en Espagne ?

DÍEZ-HOCHLEITNER • François-Xavier est probablement plus célèbre au Japon qu'en Espagne, bien qu'il soit tenu en haute estime comme missionnaire. Je suis embarrassé pour répondre à votre question sur les Japonais célèbres en Espagne, mis à part les connaissances de base sur vos empereurs et vos principaux hommes politiques. Les noms de Japonais célèbres sont ceux de la haute technologie et des marques industrielles réputées. Les Espagnols considèrent les Japonais comme des gens très capables, intelligents et cultivés. Mais je n'arrive pas à citer des noms de personnes précises, réellement célèbres en Espagne aujourd'hui. Pour moi, à titre personnel bien sûr, la personne japonaise qui mérite le plus de respect est Daisaku Ikeda !

IKEDA • Vous êtes trop aimable, mais si nous laissons ma personne de côté, je trouve que les Japonais ont tendance à opérer par groupes d'individus impersonnels, à cause de la frustration née de leur insularité et de leur inadaptation aux autres contextes sociaux.
Revenons aux Espagnols. Comment expliquez-vous leur attrait pour les corridas et le flamenco ?

DÍEZ-HOCHLEITNER • Je dois dire, pour commencer, que je ne suis pas un fan de corridas, une activité que nombre de mes amis étrangers trouvent atroce. Mais les Espagnols ne vont pas aux corridas parce qu'ils aiment le sang et la mort. D'ailleurs, ils désapprouvent profondément les assauts répétés ou inappropriés sur le taureau. Je crois que les Espagnols assistent aux corridas comme à une forme d'art, un ballet de vie et de mort entre le taureau et le matador.

IKEDA • Je comprends. Et au sujet du flamenco ?

DÍEZ-HOCHLEITNER • Mes contacts avec le flamenco ont surtout commencé grâce à mes voyages en Andalousie, dans le sud de l'Espagne. Les Andalous ont un tempérament ouvert et ils tirent de la joie de toute chose. Ils chantent fréquemment et se joignent à leurs enfants dans des festivals où l'on aime s'amuser. J'ai éprouvé des affinités avec eux et j'ai commencé à comprendre que la danse et la musique de flamenco sont un produit de la culture qui jaillit du cœur de l'Andalousie. Au lieu de l'attraction touristique que je croyais qu'elle était autrefois, c'est quelque chose que les Andalous ressentent profondément. Le flamenco est un des styles – mais ce n'est pas le seul – représentatifs de l'expression artistique de l'Espagne. La musique et la paix vont main dans la main. Dans la langue masaï, en Afrique de l'Est, les mots pour dire musique et paix sont les mêmes !

IKEDA • L'art, qui exprime l'énergie de la vie, a un grand pouvoir pour émouvoir l'esprit humain. Les écrits de Nichiren contiennent le passage suivant : « Même si vous n'êtes pas Shariputra[2], vous devriez vous lever et danser ! Quand le bodhisattva Jogyo (Pratique-Supérieure) sortit de la terre, il le fit en bondissant joyeusement, et, quand le bodhisattva Fugen (Sage-Universel) apparut, le sol trembla de six façons différentes. »[3] Cela signifie que l'art, y compris la danse, est une forme de sublimation de la merveilleuse existence humaine, qui favorise la compréhension mutuelle et la communication universelle.

Maintenant, si nous nous tournons vers la peinture, pourquoi l'Espagne a-t-elle été capable de produire des maîtres comme Pablo Picasso, Joan Miró et Salvador Dali ?

DÍEZ-HOCHLEITNER • Je crois que cela tient à la lumière de l'Espagne, qui produit toute une série d'ombres, et celles-ci composent des formes qui se détachent en relief de façon vive. Le soleil méditerranéen agit comme un révélateur pour un art qui manifeste l'esprit même de la beauté. Il existe ce que

2. Un des dix principaux disciples de Shakyamuni.
3. Nichiren, *Grand mal et grand bien* (février 1275). Que « le sol tremble de six façons différentes » indique qu'il s'agit d'un événement d'une grande importance, un signe de victoire sur l'ignorance fondamentale.

l'on peut appeler une créativité méditerranéenne particulière : Sorella en est un autre exemple remarquable. Mais le centre de l'Espagne a également produit des maîtres aussi connus que Goya, Velázquez, Greco et Murillo, sans parler des hyperréalistes actuels.

IKEDA • Il est indéniable que la lumière du soleil de Méditerranée produit des contrastes prononcés d'ombres et de lumières, et dégage les contours.

DÍEZ-HOCHLEITNER • C'est vers le Japon qu'on doit se tourner si l'on cherche les compétences et le talent, en matière de technologie avancée. Pour apprendre le travail en équipe, c'est aux États-Unis qu'on doit aller. Les Espagnols, cependant, peuvent en apprendre aux autres sur la couleur locale et la diversité de leurs populations, sur la lumière du soleil, sur la richesse d'expression dans le domaine de la communication, sur l'éclat des rires, sur une étonnante loquacité et, par-dessus tout, sur l'imagination créatrice. Je crois que ce sont là les choses qui ont permis à l'Espagne de produire des maîtres artistes et qui, je l'espère, continueront à le faire dans les années à venir.

IKEDA • En plus des corridas, du flamenco et de la peinture, l'Espagne a une culture littéraire caractéristique. Le *Don Quichotte* de Cervantès a été traduit dans plus de soixante langues et il est lu dans le monde entier. Dans ma jeunesse, c'était un de mes livres favoris. Dostoïevski a dit qu'il serait impossible de trouver quelque chose de plus profond et de plus puissant n'importe où ailleurs dans le monde, et il l'a qualifié d'expression la plus grandiose et la plus définitive sur l'âme humaine.

DÍEZ-HOCHLEITNER • Ce livre représente, par-dessus tout, ce qu'il y a de plus remarquable comme trésor et instrument de référence de notre langue. Il reflète, en outre, une figure humaine que les Espagnols voudraient prendre pour modèle, même s'ils savent que ce n'est pas le cas, dans la réalité. L'idéal de la plupart des Espagnols – comme, je l'espère, de la plupart des gens dans le monde – est, généralement parlant, d'être des personnes magnanimes, sérieuses, qui préservent les valeurs élevées, les idéaux de tolérance et qui protègent ceux qui sont démunis. Ainsi Don Quichotte est-il un modèle séduisant pour tous. Cependant, même s'ils aimeraient devenir une figure chevaleresque et galante comme Don Quichotte de la Manche, la plupart d'entre eux ont aussi envie de vivre simplement et pacifiquement, comme le fidèle serviteur bedonnant de celui-ci, l'astucieux Sancho Panza.

IKEDA • À un moment, dans le roman, Don Quichotte déclare : (Un chevalier) « doit...être brave dans ses actions, patient dans les peines, charitable envers les infortunés, et, finalement, demeurer le ferme champion de la vérité, dût-il, pour la défendre, perdre sa vie »[4]. La lumière de la vérité de Cervantès brille de tous ses feux à travers les âges.
Une autre grande figure littéraire est le poète Federico García Lorca (1898-1936). Son poème « Petites ballades des trois rivières » contient ce passage :

« Ah ! Amour
qui s'est enfui et n'est jamais revenu !
Porte des fleurs d'oranger, porte des olives,
Andalousie, à tes mers
Ah ! Amour
qui s'est enfui dans l'air ! »[5]

---

4. *Don Quichotte*, seconde partie, livre VI, chapitre XVIII, « Don Quichotte chez le gentilhomme au manteau vert » (NDT).
5. Federico García Lorca, *Baladilla de los tres ríos*. Poème dédié à Salvador Quintero. Les « trois rivières » sont le grand fleuve andalou Guadalquivir et les deux rivières qui arrosent la ville de Grenade. La ballade ouvre le recueil *Poema del cante jondo*, dans lequel elle a été publiée en 1921 (*cante jondo* est un style vocal du flamenco).

DÍEZ-HOCHLEITNER • Je vois que vous connaissez bien son œuvre.

IKEDA • Merci de dire cela. García Lorca a été fusillé pendant la guerre civile d'Espagne (1936-1939). Il n'avait que trente-huit ans. Sa vie courte mais passionnée a fait sur moi une profonde impression.

DÍEZ-HOCHLEITNER • J'aime aussi beaucoup l'œuvre de García Lorca.

Antonio Machado (1875-1939), un Castillan, est un autre poète qui m'impressionne, peut-être parce que, tout en étant né à Bilbao et y ayant été élevé, je fais aussi remonter mes racines à la Castille. Machado défendait l'idée que les actes humains ne sont pas le fruit d'un moment de conscience et de passion, mais qu'ils sont le résultat des actions de toute une vie, et constituent l'essence de l'individu.

L'éducation et l'étude de haut niveau tout au long de la vie, qui sont des contributions au développement durable et à la paix dans le monde, sont devenus les objectifs pour lesquels je me suis battu et ma raison d'être pendant toute ma vie. Mes racines espagnoles – fondées sur une culture toujours largement ouverte au monde – m'ont aidé à devenir, et à me sentir, un vrai citoyen du monde, toujours profondément impliqué dans les organisations et les activités internationales.

IKEDA • De mon maître Josei Toda, j'ai hérité l'objectif clair de la paix mondiale ; pendant toute ma vie, je me suis efforcé de l'accomplir. Parmi les réalisations que la SGI et moi avons effectuées, il y a l'exposition « Armes nucléaires : menace pour notre monde », qui s'est tenue au siège des Nations unies à New York[6], le soutien à des mouvements

6. L'exposition fut inaugurée au siège de l'Organisation des Nations unies en 1982, puis elle effectua un tour du monde. Elle fut, par exemple, accueillie à Moscou en 1987.

pour la paix dans différentes parties du monde, et les propositions pour la paix présentées chaque année depuis 1983. Je m'efforce aussi de créer un réseau de la paix, dans la perspective de la défense des droits de l'homme et de l'environnement. Je compte poursuivre ce genre d'action pendant le reste de ma vie.

Dans cette courte discussion, je pense que nous avons montré que l'Espagne, outre sa longue histoire et son riche héritage, est une terre d'échanges entre les personnes, un pays vibrant d'énergie, d'humanité et du sens de la collectivité, où le courage est l'une des principales vertus.

CHAPITRE IV

Le roi d'Espagne

IKEDA • Le 11 février 1998, un groupe de personnalités issues de différentes sphères d'activité s'est réuni à l'hôtel Manila pour une cérémonie de gala, à l'occasion de la remise des insignes de chevalier Grand-Croix de l'Ordre de Rizal à Sa Majesté Juan Carlos Ier, roi d'Espagne. Ma femme et moi visitions les Philippines, à ce moment-là et nous reçûmes une invitation à y assister. Comme j'avais été un précédent récipiendaire dans cet Ordre[1], on me demanda de me joindre à la célébration. J'ai eu l'honneur de remettre le certificat au roi devant un groupe d'un millier de personnes, et il me serra la main avec un sourire. Je lui ai dédié un long poème intitulé *Al Gran Rey de la Paz, Sol de España* (« Au grand roi de la paix, le soleil d'Espagne »), qui faisait l'éloge de la manière dont il avait conduit son pays à la démocratie. Je l'avais rencontré préalablement dans une autre pièce, avant la cérémonie, et je m'étais rendu compte de sa forte personnalité et de son élégance.

DÍEZ-HOCHLEITNER • Je fus enchanté d'apprendre votre rencontre avec le roi, qui en parla ensuite avec faveur.

---

1. José Rizal est un héros national philippin. L'Ordre qui porte son nom a été créé en 1911. Daisaku Ikeda a été reçu dans ce grade en novembre 1996. (NDT)

IKEDA • Je suis très honoré. C'est toujours juste avant l'aube qu'il fait le plus sombre. Comme le soleil levant, le roi Juan Carlos a apporté une aube nouvelle sur l'Espagne. Pendant trente-six ans, jusqu'à ce qu'il s'achève, en 1975, le régime de Franco a violé les droits de l'homme et isolé l'Espagne du reste de l'Europe.
Lors d'une visite, en 1961, j'avais été surpris de trouver Madrid déserte et triste ; en apparence, la paix et l'ordre régnaient, mais je sentais, chez les gens, la désespérance et la souffrance en raison du manque sous-jacent de liberté.
Vingt-deux ans plus tard, en 1983, Madrid était devenue une ville complètement différente et pleine de vitalité. Avec une économie dont le taux de croissance était devenu le plus fort d'Europe, le pays a accueilli avec succès les Jeux olympiques de Barcelone et l'Exposition universelle de Séville en 1992. Le roi Juan Carlos a été l'âme de cette transformation. Mais, avant de parler davantage de lui, je voudrais vous questionner sur Francisco Franco (1892-1975), qui a défait les forces républicaines et fondé une dictature.

DÍEZ-HOCHLEITNER • Les qualités de Franco, qui auraient pu être mises au service de l'Espagne, ne lui profitèrent pas du tout. C'était, dans sa jeunesse, un des plus brillants parmi les jeunes officiers espagnols du Maroc – dont une partie était alors un protectorat espagnol à ce moment-là. Autant que je sache, ce n'était pas un des conspirateurs initiaux, avant le déclenchement de la guerre civile. Cependant, les militaires le choisirent bientôt pour diriger les opérations.
On ne connaît pas la vérité complète, mais, après la mort des principaux chefs fascistes et nationalistes qui avaient préparé la rébellion contre la République, Franco s'empara lui-même du pouvoir. Soudain, le général qui avait été choisi pour commander les forces militaires révéla une ambition de pouvoir absolu.

IKEDA • C'est alors que l'oppression a commencé ?

DÍEZ-HOCHLEITNER • Les forces républicaines furent vaincues par la stratégie militaire et par les actes barbares et oppressifs de Franco. Bien sûr, toute guerre est horrible, mais le massacre – des deux côtés – d'un million d'Espagnols fut exceptionnellement horrible. Le plus révoltant, cependant, fut la répression exercée sur les forces républicaines après la victoire de Franco. De nombreux républicains furent tués sur le fondement de jugements expéditifs et sommaires. Dans les années qui suivirent la Seconde Guerre mondiale, l'Espagne entra dans une ère de ténèbres. La Seconde Guerre mondiale fut suivie par une période de pénurie et de famine généralisée. Privés de tous droits et interdits d'action politique, les gens furent obligés – purement et simplement – de se soumettre et d'accepter leur situation.

IKEDA • Comment un tel régime a-t-il réussi à survivre pendant trente-six ans ?

DÍEZ-HOCHLEITNER • Le régime de Franco a opprimé le peuple ; dans les conditions de pauvreté que connaissait le pays, la haine et la jalousie prospérèrent. Quand l'économie prit un tournant positif et que le niveau de vie s'améliora, le peuple commença à réclamer la démocratie. En vivant sous une dictature, les gens avaient du mal à imaginer une résistance réelle. Il n'y avait pas beaucoup de héros dans un monde de silence et de soumission. Quand la guerre froide commença, l'Occident – en particulier les États-Unis –, à la recherche d'alliés dans la lutte anticommuniste, nouèrent des liens avec le régime de Franco.

IKEDA • Une longue oppression sous une dictature a des effets de glaciation, sur l'esprit des gens. Faute d'espérer changer le cours des choses, ils se sentent impuissants. À partir de l'âge de dix ans, le prince Juan Carlos vécut, en Espagne, sous la domination de Franco ; contraint à une position subordonnée, il attendit le moment de monter sur le trône.

Il était déterminé à promouvoir la démocratisation, mais une révolution violente était hors de question. Cela aurait suscité l'opposition du système en place, en accroissant ainsi les risques d'une autre guerre civile et de l'anarchie. Cependant, quand il devint roi, cette situation fut évitée grâce à sa brillante conduite des affaires. Il réintégra son pays à l'Europe et au monde, dont il était jusqu'alors coupé.
Le plus étonnant de tout, ce fut l'action du roi durant cette période. On pensait que c'était une marionnette influençable et incompétente, mais, en fait, il attendait seulement que son temps arrive : quand il monta sur le trône, on découvrit une personne courageuse, imposante et chaleureuse. Usant de tous ses talents pour éviter une fracture, il suscita la réforme par des moyens pacifiques ; tout en construisant sur les bases de l'ancien système, il introduisait du sang neuf en s'entourant de jeunes gens remarquables. Trois ans plus tard, il avait converti un État totalitaire rigide en une monarchie parlementaire démocratique sur le modèle britannique.
Comment avez-vous réagi à ces changements chez le roi ?

DIEZ-HOCHLEITNER • Personnellement, je n'ai pas été du tout surpris. Les mots et les actes qui ont stupéfié le peuple espagnol, après son accession au trône, étaient déjà dans son esprit quand il était jeune prince héritier. Les premières fois où je l'ai rencontré, j'étais fonctionnaire international à l'Organisation des États américains, puis à la Banque mondiale et à l'Unesco. Nommé numéro deux du ministère espagnol de l'Éducation et de la Science avec le soutien de Juan Carlos, je rencontrais fréquemment le prince héritier, qui voulait être informé régulièrement, et de façon complète, sur la réforme du système éducatif espagnol. Pour lui, des chances d'éducation et de progrès égales pour tous étaient, et sont, des conditions sine qua non pour développer la démocratie.
En janvier 1971, le président Richard Nixon l'invita à Washington. C'était sa première visite d'État à l'étranger en tant que prince héritier. Ce dernier me choisit pour

l'accompagner en qualité d'attaché civil. En chemin pour Washington, il fit un brillant discours de trente minutes, sans texte écrit, dans un anglais parfait, à plusieurs centaines d'officiers et d'étudiants à l'Académie navale d'Indianapolis.
Dans les discussions à huis clos avec les responsables, à Washington, il abordait des sujets extrêmement importants. Il faisait état de son désir d'être un roi loyal à l'Espagne et utile à la nation, et d'être le monarque de tout le peuple espagnol. Il exprimait aussi son espoir que l'Espagne rejoigne le concert des nations et devienne une monarchie constitutionnelle capable d'apporter sa contribution à la démocratie.
Avant son accession au trône, on pensait qu'il n'avait aucune opinion personnelle. Cette réputation était le résultat d'une stratégie minutieuse. Les Premiers ministres Carrero Blanco et Arias Navarro, qui avaient été fidèles à la dictature, crurent qu'ils pourraient rester au pouvoir après la mort de Franco, aussi longtemps que le roi prendrait spontanément ses ordres auprès d'eux et ferait de son mieux pour assurer la continuité du système franquiste. Leurs attentes ont été bien déçues.
Voilà pourquoi, depuis le début, mes opinions personnelles sur le roi Juan Carlos n'ont pas changé. Convaincu qu'il était un partisan de la démocratie bien avant qu'il ne devînt prince héritier, j'ai compris ses actions.

IKEDA • En ces temps-ci, quand le mal engendre le mal, et que la violence engendre la violence, les gens haut placés peuvent apprendre beaucoup de la direction éclairée du roi d'Espagne.

DÍEZ-HOCHLEITNER • J'ai travaillé pendant des années sur les problèmes de l'éducation et de la planification du développement, en sachant parfaitement que les plans sont rarement réalisés sous leur forme originale, mais j'ai pu voir l'exemple rare d'une telle réalisation en la personne du roi

Juan Carlos. Au départ, les gens pensaient que le succès était impossible à cause de la haine, du conflit et de la fracture interne au pays. Pourtant, nous y sommes arrivés pendant les années de pré-transition, c'est-à-dire les années qui ont précédé la transition effective vers la démocratie J'exprime ouvertement le plus profond respect pour le roi, car il a été l'artisan de ce succès.
Compte tenu de la crise évidente de leadership dans le monde actuel, des personnes comme notre roi sont plus nécessaires que jamais. Si je puis me permettre, vos messages et vos activités dans votre domaine propre sont de plus en plus importants et nécessaires aujourd'hui, car le monde est confronté à des situations cruciales.

IKEDA • Votre éloge est trop généreux. Kant disait que, en toutes circonstances, les êtres humains doivent se considérer, et considérer les autres comme une fin, jamais simplement comme un moyen. Toute chose dépend de la manière dont nous nous conformons à cette affirmation. La même attitude est tout aussi indispensable pour un bon leadership.
La question essentielle est de savoir quelle relation les dirigeants entretiennent avec les êtres humains. Est-ce que le leadership est fondé sur une foi en l'humanité ? Est-ce que le leadership relie entre eux les êtres humains et développe leur potentiel ? Ce sont là les facteurs qui font la différence entre un leadership humaniste et un leadership totalitaire.
Les idéaux et les stratégies les plus nobles seront bloqués dans leur réalisation si ceux qui les mettent en œuvre n'ont pas une conception juste de l'humanité. Voilà pourquoi le leadership doit être fondé sur la confiance en l'humanité.
Tout commence et finit avec l'humanité : la confusion des temps actuels vient de la croyance trompeuse selon laquelle, même s'il manque aux leaders une humanité élémentaire, les choses se passeront bien tant qu'ils créeront des concepts et des structures convenables. Résoudre des problèmes difficiles exige un grand leadership.

DÍEZ-HOCHLEITNER • Je suis tout à fait d'accord. Le roi d'Espagne est un homme de grande intégrité ; ses solides capacités de dirigeant, sa perspicacité, sa sensibilité, sa conduite impeccable et ferme, et son extraordinaire humanité ont toujours fait une profonde impression sur moi. De telles qualités expliquent pourquoi il est le roi du peuple espagnol tout entier.
En s'appuyant sur nos conceptions du leadership, nous pouvons construire une base solide et originale en vue de rencontres directes, neuves et vivantes, entre l'Orient et l'Occident. L'humanité et la nature en ont tous grandement besoin.

IKEDA • Le roi Juan Carlos a réuni ce qui était divisé, changé le désespoir en espérance, transformé la dictature en démocratie et rendu possible l'impossible. À partir de l'âge de dix ans, il a fait face à de multiples difficultés, mais, fort de son expérience, il a construit en lui-même, dans son cœur, un roc de confiance absolue dans les êtres humains. Il est une image vivante du leadership humaniste dont nous avons désespérément besoin au XXIe siècle.
Nous devons éviter le choc des civilisations dont parlent certains. Pour cela, les dirigeants doivent fermement insister sur le dialogue comme premier moyen de solution des problèmes. J'admire beaucoup vos remarques sur la nécessité des échanges entre l'Orient et l'Occident. La SGI est totalement engagée dans l'action en faveur de tels échanges.

CHAPITRE V

La problématique de la mondialisation

IKEDA • Le club de Rome, dont vous êtes président honoraire, fut l'une des premières organisations à lancer des avertissements sur l'interdépendance complexe des problèmes à l'échelle du monde, notamment le réchauffement de la planète, la pollution atmosphérique, la diminution de la couche d'ozone, les pluies acides, la désertification et la destruction des forêts.

DÍEZ-HOCHLEITNER • Oui. Ces questions et les études démographiques appropriées étaient au cœur de nos premiers débats. Lors de notre première réunion, à l'Académie des Lynx, à Rome, en 1968, la décision fut prise, par l'intermédiaire du Pr Jay Forrester, d'inviter une équipe d'experts du Massachusetts Institute of Technology, afin de préparer un rapport sur l'état de la situation à ce moment-là et sur les perspectives futures de ces questions et de tous autres problèmes planétaires. À la suite de cela, en 1972, Dennis et Donella Meadows publièrent *The Limits of Growth: A Report for the Club of Rome's Project on the Predicament of Mankind* (« Les Limites de la croissance. Rapport pour le programme du club de Rome sur la situation difficile de l'humanité ») – édité, en français, sous le titre *Halte à la croissance ? Rapport sur les limites de la croissance*[1].

1. Paris, Fayard, 1973.

IKEDA • L'impact mondial du rapport n'eut guère d'équivalent, au cours de ces dernières années. Sa vision à long terme retint l'attention dans le monde entier et me conduisit à entreprendre un dialogue sur la problématique de la mondialisation avec Aurelio Peccei, fondateur du club de Rome.

DÍEZ-HOCHLEITNER • Notre conversation sur votre rencontre et votre dialogue avec le Dr Peccei a fait une profonde impression sur moi. Quand je devins président du club de Rome, en 1990, nous avons décidé d'actualiser ce rapport et de l'enrichir. Et, ce qui n'était pas le moins important, nous y soulignions le rôle clé de l'amour dans sa forme compassionnelle pour chercher des solutions valables et viables.
En conséquence, une nouvelle édition du rapport fut publiée en 1992-1993 sous le titre suivant : *Beyond the Limits: Confronting Global Collapse, Envisioning a Sustainable Future* (« Au-delà des limites. Faire face à l'effondrement mondial, concevoir un avenir durable »). Une troisième version, intitulée *The Limits to Growth: The 30-Year Update* (« Les Limites de la croissance. Mise à jour après trente ans ») a été publiée plus récemment[2].

IKEDA • L'édition japonaise a suscité un grand intérêt.

DÍEZ-HOCHLEITNER • Nombre d'autres questions pertinentes y étaient discutées, y compris la gouvernance, les valeurs éthiques, la science et la technologie, et, surtout, l'éducation. L'éducation a toujours été mon principal centre d'intérêt et domaine d'activité professionnelle, tout particulièrement lorsque je préparais, pour le club de Rome, le rapport d'experts publié en 1979 sous le titre *No Limits to Learning: Bridging the Human Gap*[3] (« On ne finit pas d'apprendre : le fossé humain

2. Ces deux rapports n'ont pas été publiés en français. (NDT)
3. James Botkin, Mahdi Elmandjra, Mircea Malitza, *No Limits to Learning. Bridging the Human Gap: The Club of Rome Report*. Londres-Oxford-New York, Pergamon Press, 1979.

à combler »). Dans *Halte à la Croissance ?*, nous mettions en garde contre les destructions auxquelles conduisaient l'expansion de la population et la croissance économique continues, principalement en raison du déséquilibre entre la distribution de la population mondiale et la capacité, à l'échelle régionale, à fournir des moyens de subsistance à cette population. Dans Beyond the Limits, nous avancions l'argument selon lequel l'humanité a déjà dépassé le stade où la croissance pourrait se poursuivre sans peser sur l'environnement. En même temps, nous indiquions quelles évolutions nouvelles pourraient permettre de trouver une solution au problème. Nous affirmions que, dans beaucoup de cas, la vitesse avec laquelle les êtres humains gaspillent les ressources naturelles essentielles et produisent des polluants a déjà dépassé le seuil de tolérance physique. Nous exprimions alors notre conviction qu'il y avait encore de la place pour la sagesse et la créativité humaines, si nous réfléchissions à nos actions et les corrigions. Nous avons suivi la même approche dans la dernière et troisième version, *The Limits to Growth: The 30-Year Update.*

IKEDA • Aujourd'hui, plusieurs décennies plus tard, les observations faites dans le premier rapport conservent toute leur urgence. Bien que la situation soit difficile, il serait insensé de renoncer purement et simplement. Le problème mondial de l'environnement met en jeu des éléments complexes, mais, puisque ce sont les êtres humains qui les ont tous créés, les êtres humains peuvent y faire face. Agir ainsi exige que l'on renforce le poids de l'opinion publique internationale et que l'on cultive la solidarité entre les peuples. Bien qu'elle prenne du temps, l'éducation est le fondement de toutes les réformes. Au Sommet mondial sur le développement durable, en Afrique du Sud, en août 2002, j'ai proposé que nous construisions un avenir durable au moyen d'une éducation généralisée à la protection de l'environnement. J'ai également suggéré qu'on utilise, de façon enthousiaste, la Charte de la Terre comme matériel pédagogique sur l'environnement, dans les écoles et ailleurs.

Sauver l'environnement exige une révolution planétaire qui doit commencer par la révolution humaine de chacun. Tel est le chemin qui mène à la solution de l'ensemble des problèmes du monde entier.

DÍEZ-HOCHLEITNER • C'est vrai. Avec de la compassion et du sens des responsabilités, nous devons modéliser les styles de vie du futur. Seule la révolution humaine peut développer nos forces propres, nous éveiller complètement à notre nature essentielle, et nous rendre capables d'agir en accord avec elle. La révolution humaine est le seul moyen à notre disposition pour nous servir, de façon judicieuse, des ordinateurs, des satellites, des machines, des générateurs atomiques et de l'électronique pour le bien de nos concitoyens, en suivant des voies qui agissent en harmonie avec notre environnement terrestre, et même avec tout l'univers.

Ce type de mondialisation, au lieu d'être une mondialisation égoïste et ignorante, au service des seuls intérêts des plus riches et des plus puissants, n'est pas seulement désirable, mais elle est aussi, probablement, essentielle.

IKEDA • L'éducation est assurément très importante. L'humanité doit y être, comme en toute chose, notre point de départ.

On dit que le réchauffement planétaire, un des problèmes environnementaux en aggravation constante auquel nous sommes aujourd'hui confrontés, est causé, au moins en partie, par les émissions croissantes de dioxyde de carbone. La mesure des concentrations planétaires de dioxyde de carbone a commencé au pôle Sud en 1957. À ce moment-là, le chiffre moyen était de 315 parties par million en volume (ppm). En 2003, la moyenne mondiale était de 374 ppm. En 2004, au voisinage du Japon, le chiffre était de 380 ppm. Les statistiques des températures de la planète en moyenne croissante furent prises pour la première fois en 1880. Depuis lors, la moyenne a cru de 0,7 degré centigrade par siècle. La température pour l'année 2004 a été la cinquième en ordre d'importance, après celle des années 1998, 2002, 2003, et, enfin, mais non la moindre, celle de 2006. Un autre motif de préoccupation est la diminution de la superficie couverte par les glaces de l'océan, qui, pendant l'hiver 2004, fut la plus faible depuis 1979.

DÍEZ-HOCHLEITNER • Oui, en même temps que le réchauffement planétaire, les océans sont en passe d'être sérieusement pollués. On discute souvent de la pollution de l'eau douce, mais les gens semblent oublier l'eau de mer, qui représente pourtant la majeure partie de toute l'eau de la terre.
Véritables réservoirs de formes de vie, les océans peuvent absorber du dioxyde de carbone, en échangeant des gaz nuisibles contre des gaz bénéfiques en quantités supérieures à celles de l'échange de l'oxygène contre le dioxyde de carbone produit par nos forêts. Néanmoins, les mesures prises pour les protéger sont insuffisantes. Les nappes de pétrole sur la surface de l'océan détruisent de grandes quantités de plancton. D'immenses récifs de corail sont en train de mourir. Des dispositions décisives pour traiter la pollution pétrolière et le réchauffement de la planète restent encore à prendre.

IKEDA • Ainsi que vous le suggérez, les actions humaines influencent directement l'écosystème marin sur une grande échelle. Un exemple est la manière dont l'azote et le phosphore provenant de la terre affectent l'alimentation de la mer, causant les efflorescences algales[4] connues sous le nom de marées rouges[5]. On a découvert récemment que ces marées rouges se produisent quand d'ordinaires diatomées se

---

4. Une efflorescence algale est une augmentation relativement rapide de la concentration de phytoplancton dans un système aquatique.
5. La marée rouge se produit lorsqu'il y a une efflorescence soudaine d'algues microscopiques dans un plan d'eau. Les algues deviennent plus concentrées et semblent modifier, dans certains cas, la couleur de l'eau, d'où son appellation de « marée rouge ». Certaines proliférations d'algues produisent des toxines qui peuvent s'accumuler dans les coquillages et les rendre toxiques.

changent en dinoflagellés hautement toxiques, à la suite de changements dans l'équilibre entre azote et phosphore dans des régions littorales ou d'estuaire. L'augmentation du phosphore accompagnée d'une baisse de l'azote a pour effet de stimuler une croissance massive du nombre de dinoflagellés. On cite souvent la construction de barrages comme la cause de ce phénomène. En d'autres termes, les actions humaines qui détruisent le délicat équilibre de la nature rendent assurément notre Terre vivante – notre Gaia – très malade.

DÍEZ-HOCHLEITNER • Cette question compliquée est cruciale pour la poursuite de l'existence de l'humanité. De nombreux problèmes environnementaux sont les conséquences de notre conduite irresponsable et ignorante, ou de notre échec à corriger les actions humaines préjudiciables à la planète. En ignorant les règles de contrôle morales et éthiques, nous continuons à faire des choses que nous ne devrions pas.

IKEDA • Vous allez droit au cœur du sujet. Dans son livre intitulé *Believing Cassandra: An Optimist Looks at a Pessimist's World* (« Croire Cassandre : le regard d'un optimiste sur un monde pessimiste »), le journaliste et militant de la protection environnementale Alan AtKisson décrit la crise en termes de « retards réactionnels ».

DÍEZ-HOCHLEITNER • L'aggravation de la pollution sur la planète et le déséquilibre continu de l'explosion démographique – avec une proportion rapidement croissante de résidents urbains – crée une situation qui ne tolère aucun retard. Comme un cercle vicieux, l'explosion démographique et la concentration urbaine détériorent l'environnement, et la détérioration de l'environnement génère davantage de pauvreté qui, à son tour, entraîne l'augmentation de la population. Dans nos deux rapports, nous avons dit, au club de Rome, que la Terre ne peut pas supporter plus longtemps le taux actuel de croissance économique basé sur le consumérisme et le gaspillage des ressources. Nous comprenons cependant que les habitants

des pays en voie de développement veuillent profiter de la prospérité dont jouissent les nations industrialisées.
Il n'y eu aucun progrès de fait dans le traitement du problème de la pauvreté, dont nous nous plaignions il y a des décennies : en réalité, le problème s'est aggravé et échappe maintenant à notre contrôle. En plus de son importance sur le plan humanitaire, l'élimination de la pauvreté contribuerait à la paix et bénéficierait également à l'environnement. En attendant, « la honte et le scandale de la pauvreté » – ce qui est le titre d'un autre rapport du club de Rome – est ce à quoi nous devons faire face.

Ikeda • Précisément. Les responsables mondiaux doivent unir leur sagesse et consacrer toute leur énergie à résoudre le problème de la pauvreté, qui perturbe sérieusement l'ordre mondial.
Dans l'une de mes propositions annuelles, à l'occasion du Jour de la SGI, en 2000, j'ai proposé ce que l'on pourrait appeler un plan Marshall mondial pour traiter le problème de la pauvreté. Par ailleurs, en complément à son travail au nom du désarmement nucléaire, l'Institut Toda pour la paix mondiale et une politique prospective, que j'ai fondé, a fait de ce problème une question centrale de notre époque. D'après le rapport sur les *Objectifs du millénaire pour le développement* de l'Organisation des Nations unies (9 juin 2005), de 1990 à 2001, les taux de pauvreté extrême sont rapidement tombés dans la majeure partie de l'Asie : le nombre de personnes qui vivent avec moins de 1 dollar par jour a baissé de près d'un quart de milliard entre 1990 et 2001 (de 936 millions à 706 millions), mais, en Afrique subsaharienne, qui a déjà le taux de pauvreté le plus élevé du monde, des millions d'autres personnes sont tombés dans une profonde pauvreté (de 227 millions à 313 millions).

Díez-Hochleitner • L'écart entre les riches et les pauvres est un facteur fondamental de la montée de la violence et du terrorisme. Cette situation ne justifie en aucune manière la violence et le terrorisme, mais nous devons comprendre que les terroristes trouvent à recruter plus facilement chez les gens frappés par la pauvreté. Pour rendre possible la coexistence continue entre la Terre et l'humanité, nous devons découvrir un moyen d'éliminer complètement l'injustice sociale, et un autre pour préserver l'environnement.

IKEDA • Il est certain que la planète est dans un état pathologique dont les symptômes sont la pauvreté et le problème environnemental, mais la question fondamentale est l'état pathologique de l'humanité elle-même. Dans *Halte à la croissance ?*, le club de Rome demandait comment léguer un environnement mondial vivable à la postérité. La question clé est celle de cette « vivabilité ». Chacun doit avoir sa juste part de belle vie, et l'environnement doit recevoir sa part d'attention également. Veiller à ce que les choses se passent ainsi est en rapport étroit avec les préoccupations du club de Rome pour un avenir durable.

DÍEZ-HOCHLEITNER • Je suis d'accord. Pour le bénéfice des générations futures, nous devons remédier aux problèmes de l'humanité tout en préservant la capacité de notre planète à y faire face.

IKEDA • La doctrine bouddhique connue, en japonais, sous le nom de *esho-funi* enseigne que, bien qu'ils apparaissent comme des phénomènes distincts, la vie (*sho*) et l'environnement (*e*) sont essentiellement un seul tout indivisible.

Dans une déclaration empreinte de sagesse et de puissance, le grand moine et philosophe japonais Nichiren (1222-1282) a écrit : « L'environnement est comparable à l'ombre et le vivant est comparable au corps. Sans corps, il ne peut y avoir d'ombre. De la même manière, sans vivant il n'y a pas d'environnement »[6]. En d'autres termes, les phénomènes environnementaux (*e*) ne peuvent exister sans vie humaine

6. Nichiren, *Sur les présages*. 1275.

(*sho*). La préservation et le renouveau de l'environnement dépendent de notre capacité à susciter et à développer la sagesse à partir de la vie humaine.

DÍEZ-HOCHLEITNER • On peut considérer l'harmonie avec l'environnement comme une symphonie de la nature et de l'humanité. Ainsi, le club de Rome peut apprendre beaucoup des enseignements bouddhiques et du mouvement Soka.

IKEDA • Dans *Believing Cassandra,* AtKisson a écrit : « L'emplacement précis du problème qui conduit le monde au bord de l'écroulement, et pousse dangereusement la nature au déséquilibre peut être trouvé à ces points critiques où le monde et la nature communiquent intimement l'un avec l'autre. Le problème est qu'ils ne le font pas... Les signaux de réaction qui remontent de la nature vers le monde – et qui nous disent que les ressources s'épuisent, ou que les réservoirs océaniques se remplissent[7] – arrivent trop lentement, ou pas du tout, ou sont ignorés à leur arrivée[8] ».
Pour prêter une oreille aux avertissements qui viennent de la nature, nous devons reconnaître notre propre relation à l'environnement et fonder nos actions et nos pensées sur des principes comme l'indivisibilité de la vie et de l'environnement.

DÍEZ-HOCHLEITNER • Je suis d'accord. Tout en mettant l'accent sur le réchauffement planétaire et la pollution des océans comme causes de la maladie de la Terre, nous devons nous engager dans une sorte de dialogue avec Gaia. L'humanité doit revenir au sein de la nature. Au lieu de parler de nos droits dans notre rapport à la nature, nous devons comprendre que nous en partageons tous la responsabilité. Là où la

7. Le dioxyde de carbone est capturé et stocké par des processus naturels au fond des océans en eau profonde. Comme la forêt, ces fosses marines agissent comme des réservoirs de stockage.
8. Alan AtKisson, *Believing Cassandra: An Optimist looks at a Pessimist's World,* White River, Chelsea Green Publishing Company, 1999, p. 73.

relation entre la vie et l'environnement est en question, nous pouvons apprendre beaucoup de la Soka Gakkai.

IKEDA • Dans notre dialogue *Cri d'alarme pour le XXIe siècle*, Aurelio Peccei disait : « ... la gamme de nos ressources potentielles, latentes en chaque être humain, est si considérable que nous pouvons en faire la ressource humaine fondamentale. Si nous faisons fructifier ces potentialités dans la perspective d'un rapport nouveau entre nous et un monde enfin transformé, nous pourrons alors, et alors seulement, arriver à mettre un minimum d'ordre et d'harmonie dans nos affaires, y compris nos relations avec la Nature. Nous pourrons alors repartir sur des bases plus saines. ».[9]

Chaque existence humaine est dotée d'un potentiel illimité pour surmonter toutes les difficultés et créer un nouvel âge de construction et d'harmonie. La question est de savoir comment développer ce potentiel. C'est l'enjeu le plus fondamental du XXIe siècle.

Bien sûr, pour préserver l'environnement mondial, nous devons avoir une connaissance concrète de la situation actuelle et étudier et mettre en œuvre des politiques et des normes spécifiques, mais ce dont nous avons le plus besoin, c'est de vaincre notre égoïsme étroit. Pour notre propre bien et celui des autres, chaque individu a besoin d'une philosophie et d'un plan d'action efficaces et respectueux de la nature. Je suis convaincu que c'est là la clé pour réussir la défense de l'environnement.

---

9. *Cri d'alarme pour le XXIe siècle*, Presses universitaires de France, 1986, p. 171.

CHAPITRE VI

Ombres et lumières du mondialisme

DÍEZ-HOCHLEITNER • Dans le chapitre précédent, nous avons discuté du rapport intitulé *Beyond the Limits*, publié en 1992 comme mise à jour d'un rapport du club de Rome. Depuis lors, la question de la mondialisation et de l'interdépendance a pris une grande importance, et elle a divisé l'opinion mondiale. Je considère la mondialisation comme un phénomène actuel qui, tout en n'étant en lui-même ni bon ni mauvais, peut être utilisé à de bonnes ou mauvaises fins. Êtes-vous de cet avis ?

IKEDA • Oui. Transcendant les frontières nationales dans des domaines tels que la politique, l'économie et la culture, la mondialisation influence toute l'humanité à une allure toujours plus rapide. Les réseaux de transports et de communications – symboles du processus de mondialisation – sont en train de rendre possibles de nouvelles relations interpersonnelles et interculturelles plus riches. Les grandes entreprises cessent d'être identifiées à des pays spécifiques. Internet permet des communications et des échanges d'information instantanés avec toutes les parties du globe ; ces nouvelles et fructueuses rencontres doivent être utilisées pour développer le réseau de compréhension mutuelle, d'amitié et de paix.

DÍEZ-HOCHLEITNER • C'est vrai. Cependant, les dialogues interculturels à grande échelle ont encore un long chemin à parcourir.

IKEDA • Le principal problème, aujourd'hui, c'est que cette mondialisation est pratiquement synonyme d'occidentalisation. Il en résulte que ces nouvelles rencontres forment, sans aucun doute, une toile de fond potentielle pour de nouveaux conflits.

DÍEZ-HOCHLEITNER • Oui, l'humanité doit être traitée comme un tout. Les attaques terroristes contre les États-Unis, le 11 septembre 2001, symbolisent cette situation : un manque de compréhension entre des peuples qui, quoique largement semblables, ont des cultures et des backgrounds différents. Pour comprendre les causes des attaques et la nature des événements qui ont suivi, nous devons examiner ce qui les a précédés, et, plus spécifiquement, les actions des Américains jusqu'à ces attaques.

J'ai un grand respect pour les États-Unis et leur démocratie. J'ai travaillé pour le président Kennedy. Ma famille et moi avons vécu aux États-Unis à deux reprises, et j'ai donc le sentiment que j'ai le droit d'exprimer mon opinion.

Pour le bien de l'Amérique que je connais et que j'aime, et de tous les autres peuples qui aiment l'Amérique, je ne peux m'empêcher d'avoir un point de vue critique sur les problèmes que les ambitions hégémoniques actuelles des dirigeants américains posent au monde d'aujourd'hui.

IKEDA • Malheureusement, la mondialisation favorise une escalade des conflits qui, de régionaux, se transforment en conflits à l'échelle mondiale. Les médias projettent constamment des images de spectacles de guerre épouvantables dans tous les coins de la planète. Des personnes qui ne sont pas préparées psychologiquement sont confrontées à des exemples de violence et de haine dans des pays fort éloignés. La mondialisation de la violence est en hausse

– telles les bombes dans un train en Espagne le 11 mars 2004, où plus de 200 précieuses vies humaines furent perdues et plus de 1 700 personnes blessées. Je voudrais saisir cette occasion pour témoigner tout mon soutien aux blessés et exprimer mes plus sincères condoléances aux familles des victimes.

DÍEZ-HOCHLEITNER • Permettez-moi de vous remercier pour le télégramme de condoléances que vous m'avez si promptement envoyé. Paradoxalement, bien que j'aie foi dans le progrès humain, nous semblons aujourd'hui régresser, de la paix à la guerre. Des conflits éclatent sur toute la planète, bien que les massacres qui se produisent en dehors des nations industrialisées ne bénéficient que d'un intérêt ou d'une publicité médiocres.

IKEDA • Les attentats terroristes du 11 septembre 2001 ont finalement déclenché l'intérêt pour ces zones de conflits, mais la situation s'était détériorée longtemps avant cet attentat.

DÍEZ-HOCHLEITNER • Oui, et, dans le monde réel, le terrorisme est de loin plus répandu que les attaques lancées ouvertement. Je veux parler de la guerre économique menée par les nations industrialisées : nous étranglons la vie, nous polluons notre planète bien-aimée et nous empoisonnons l'espèce humaine, tout en créant des disparités économiques intolérables entre les riches et les pauvres.

IKEDA • C'est vrai. Un des effets de la mondialisation est l'extension à toute la planète d'un affrontement économique qui relève de la « loi de la jungle » ; partout, les riches deviennent plus riches et les pauvres plus pauvres.
Le genre humain semble faire face à l'un de ces grands changements historiques, du type de la Révolution industrielle anglaise ou de la Révolution française, qui nous obligent à revenir aux principes fondamentaux. Dans son ouvrage

intitulé *Théorie des sentiments moraux*[1], Adam Smith – qui est plus connu pour *La Richesse des nations*[2] – insistait sur le fait qu'il est impossible d'atteindre l'efficacité sans chercher en même temps à être bienfaisant et humain. La recherche acharnée d'efficacité fait obstacle à l'humanité. Les activités économiques qui s'écartent du chemin de l'humanité engendrent le conflit économique.

DÍEZ-HOCHLEITNER • Les travaux en sciences économiques ne sont que des outils au service du développement d'une société durable et humaine, sinon aucune théorie économique n'est d'une quelconque utilité. Provoquer des conflits économiques au nom de la conquête de marchés compromet le développement durable.

IKEDA • L'avenir de l'humanité, en cette ère de mondialisation économique impose le besoin urgent de former des citoyens du monde qui aient le souci d'une grande sympathie humaine.

En juin 1994, je me suis rendu à l'université de Glasgow pour recevoir un doctorat *honoris causa* – c'est là que Adam Smith avait étudié et enseigné. À l'égal de ses brillants travaux écrits, c'était un excellent enseignant qui insistait pardessus tout sur le besoin de comprendre les étudiants. À l'époque d'Adam Smith, la société était en train de changer rapidement, sous l'influence de la Révolution industrielle, et j'ai réfléchi à la manière dont Adam Smith, voyant ces modifications, s'était consacré à l'éducation.

DÍEZ-HOCHLEITNER • Comme vous le suggérez, l'éducation est de la plus grande importance. La guerre, cela ne consiste

1. Écrit en 1759, c'est l'un des plus importants travaux d'Adam Smith sur la théorie du capitalisme. (NDT)

2. *Recherche sur la nature et les causes de la richesse des nations*, ou, plus simplement, *Richesse des nations*, est l'ouvrage le plus connu d'Adam Smith. Publié en 1776, c'est le premier livre moderne de science économique. (NDT)

pas simplement à tuer. Que dire de la blessure infligée à l'esprit des gens ? Combien de fois avons-nous provoqué des dommages aux pays et aux cultures d'autres pays, alors que nous étions pleinement conscients que nous causions de profondes souffrances, comme c'est le cas avec le monde islamique en ce moment ?

L'Occident doit beaucoup à la culture islamique. La Renaissance, par exemple, aurait été impossible sans elle. Mais, aujourd'hui, à cause des actions d'une faible proportion de fondamentalistes extrémistes, toute allusion à l'islam évoque des images de terroristes. Une attitude agressive aussi systématique est une forme de guerre – une guerre menée par l'esprit de préjugé. La paix doit se développer à partir d'un mental pacifique. Les responsables du monde doivent garder cela en tête.

IKEDA • Votre remarque est tout à fait convaincante. Le Sûtra du Lotus, l'écrit bouddhique qui est la quintessence des enseignements, explique ce que sont les Cinq Impuretés : les impuretés du désir, de la pensée, des êtres humains, de l'époque, et de la durée de la vie. L'impureté du désir est la tendance à être gouverné par les Cinq passions illusoires : l'avidité, la colère (l'agressivité), la stupidité (l'égoïsme), l'arrogance et le doute. L'impureté de la pensée renvoie aux idéologies. Les impuretés des êtres humains nous privent de créativité et nous affaiblissent physiquement. Les impuretés de la durée de la vie affaiblissent la force vitale et raccourcissent la vie elle-même. Quand règnent les impuretés des êtres humains et de la durée de la vie, la violence, les préjugés et l'avidité se répandent dans les collectivités humaines. L'impureté de l'époque renvoie, pour sa part, à une situation dans laquelle une ère entière est polluée. Les Cinq Impuretés ont pris de l'extension à plusieurs niveaux, au cours de la présente époque.

DÍEZ-HOCHLEITNER • Indéniablement, toutes sortes de violence, y compris la menace nucléaire, prennent une ampleur de plus en plus visible et s'étendent aux écoles, aux foyers et à tous les coins de la société. En considérant cette tendance, nous devrions toujours garder à l'esprit la liste des Cinq Impuretés exposées dans le Sûtra du Lotus. Comment pouvons-nous arrêter la diffusion de la violence et des phénomènes qui lui sont associés ? Comment pouvons-nous gagner la lutte pour la paix sans recourir aux armes ?

IKEDA • Dans notre précédent dialogue[3], vous avez fait une remarque pertinente quand vous avez identifié l'écart entre riches et pauvres comme une cause fondamentale de la violence et du terrorisme. Dans une société fondée sur la « loi du plus fort », le puissant devient plus puissant et la voix du faible passe inaperçue. Pendant qu'il s'élargit, l'écart entre riches et pauvres contribue à la création d'une société injuste. Fondamentalement, nous devons changer cette structure négative ; pour cela, il nous faut avoir des discussions empreintes de sympathie et de compréhension. C'est pourquoi Aurelio Peccei déclarait, dans notre entretien, que nous devrions prendre en compte et harmoniser les demandes de ceux qui ont en abondance, avec les demandes de ceux qui luttent désespérément pour éviter de sombrer dans une pauvreté dévastatrice.

Le malentendu, le préjugé, la haine et le conflit engendrent le cycle de la violence ; le refus d'engager le dialogue est en rapport direct avec un tel mécanisme. C'est pourquoi plus la situation est difficile, plus résolument devons-nous nous efforcer de promouvoir le dialogue. Nos dialogues doivent prendre en compte les voix de ceux qui souffrent ; ils doivent substituer l'espoir au désespoir. Les responsables des organisations internationales, comme les Nations unies, doivent promouvoir un dialogue de cette nature et le soutenir par une action appropriée.

---

3. Il s'agit du chapitre V.

DÍEZ-HOCHLEITNER • Pendant des dizaines d'années, les Nations unies ont fait la promotion d'une culture de paix et ont fait avancer l'éducation à la paix. J'ai été profondément impliqué dans la planification, les réformes et la recherche sur l'éducation. Celle-ci ne cesse de s'étendre, de progresser et de s'améliorer. Cependant, en dépit de tout l'enseignement et des discussions consacrés à la paix, la guerre continue d'être tolérée. Pourquoi ne lui résistons-nous pas plus résolument ?

IKEDA • Comme le disait le Dr Peccei, les attitudes et les actes violents sont le signe de conditions sociales et culturelles pathologiques. Nous pouvons cependant revenir à une société dans laquelle des attitudes et des approches non-violentes éclaireraient la signification de la violence, en la faisant apparaître comme une aberration. La violence ne peut changer le monde en mieux : seule la non-violence peut y arriver.
Après avoir fait partie de la Résistance pendant la Seconde Guerre mondiale, en résistant obstinément à la brutalité fasciste, le Dr Peccei a renoncé à la violence comme étant le mal suprême. Ses expériences ont fait sur moi une profonde impression. Arrêté avec quelques-uns de ses camarades de résistance, il fut soumis à un cruel traitement. Le fait que la violence ait mis en évidence la déchéance des tourmenteurs, et non celle des tourmentés, le marqua profondément. La force spirituelle des victimes l'émut vivement : dans les épreuves les plus extrêmes, ils restaient fermement attachés à leurs idéaux, quel que fût le sacrifice. De cette manière, ils lui montrèrent combien l'esprit humain peut être noble et inviolable, et cela rendit plus intense sa propre foi absolue en l'humanité et le pouvoir de l'esprit humain.

DÍEZ-HOCHLEITNER • C'est vrai. Sa philosophie et ses actes étaient enracinés dans ses expériences du temps de guerre. Une des pensées du Dr Peccei, qui me revient souvent en mémoire, était que même l'emprisonnement ne peut nous ôter notre liberté personnelle et notre dignité humaine, à condition que nous restions libres d'esprit et de cœur.

IKEDA • La mondialisation fait de notre époque une période d'échanges, dont certains mènent à une situation de conflit, mais nous devons créer un environnement culturel dans lequel les personnes usent du dialogue non-violent pour résoudre ces conflits. Comme vous le soulignez, cela est possible. User de moyens violents pour résoudre les conflits ne fait que mondialiser la violence.

DÍEZ-HOCHLEITNER • C'est un point important. Le dialogue est certainement indispensable si nous devons nous connaître les uns les autres et promouvoir le respect mutuel, et finalement développer la coopération et l'amitié. On ne devrait pas considérer le dialogue comme une fin en soi, mais comme un premier pas indispensable vers la solidarité et l'action.

IKEDA • Oui. Nous devons, inlassablement et constamment, nouer des dialogues fondés sur l'éducation à la paix et les principes humains.
Comme vous l'avez dit, il est crucial pour la paix que les leaders mondiaux s'engagent dans un esprit de paix. Notre ami Mikhail S. Gorbatchev, qui est inquiet pour la situation du monde à la suite des attaques du 11 septembre 2001, me disait qu'il n'est pas question de rester passif et inactif en ce qui concerne la paix durable. Nous devons nous interroger sur la manière de traiter les problèmes et les facteurs d'instabilité qui surgissent constamment dans notre société moderne. Du choix que nous faisons de résoudre nos problèmes par la force ou par le dialogue, il dépend que nous ayons la guerre ou la paix.
Je suis entièrement d'accord avec lui. La paix ne peut être bâtie que si nous choisissons fermement le dialogue pour résoudre les problèmes contemporains.

DÍEZ-HOCHLEITNER • Je suis d'accord. M. Gorbatchev – qui est un membre honoraire du club de Rome – a l'autorité morale que lui confère le fait de pratiquer avec cohérence ce qu'il prêche.

IKEDA • Les Écritures bouddhiques nous enseignent : « Tous craignent la violence, tous redoutent la mort. En nous mettant à la place d'autrui, on ne devrait ni tuer, ni pousser qui que ce soit à tuer » (*Dhammapada*, 129). Deux points sont particulièrement importants, dans ce passage. Tout d'abord, ce texte nous enseigne qu'il faut dépasser la violence, l'avidité et l'égoïsme en nous mettant à la place des autres et en manifestant de l'empathie pour leur souffrance. Il conseille ensuite d'aider les autres à dépasser leur violence et à choisir la non-violence. Le fait de promouvoir ainsi un état d'esprit pacifiste répandra ses effets dans la société et dans toute l'humanité.

DÍEZ-HOCHLEITNER • Il nous arrive parfois de parler de façon très décontractée de paix. Qu'avons-nous en tête lorsque nous disons le mot « paix » ? Généralement, celle que l'on se représente est la paix passive, une situation dans laquelle il n'y a pas de guerre, mais ce n'est pas, pour moi, la paix réelle. La menace effrayante des armes nucléaires est un facteur de paix, mais seulement par défaut. Il est exact que, pendant la guerre froide, cette peur a joué un rôle en évitant de nombreux désastres ; éviter le massacre est une bonne chose, mais une paix provoquée par la peur est quelque chose de ridicule. Nous devons réaliser une paix active impliquant le dialogue, la solidarité et la coopération.

IKEDA • Bien que cela puisse produire un soulagement temporaire, tenter d'interrompre le cycle de la violence et de la haine par des mesures graves, telles que le recours aux armements, ne fait que traiter les symptômes et prolonger, finalement, la crise.

Bien que cela prenne davantage de temps, la seule manière de traiter le problème en profondeur est de recourir au dialogue et à l'échange à tous les niveaux, afin de tirer parti de la bonté humaine innée – l'état d'esprit pacifiste et le pouvoir spirituel de la non-violence. Dans un message de vœux de Nouvel An qu'il avait eu l'amabilité de m'envoyer,

M. Anwarul K. Chowdhury, secrétaire général adjoint des Nations unies, m'écrivait :
« Dans ce contexte, si le message de la culture de paix et des valeurs de tolérance, de compréhension et de respect pour la diversité est inculqué aux enfants, dès le plus jeune âge, par les familles, je crois que, dans les décennies à venir, le monde fera l'expérience d'un réel changement, pour le meilleur, dans nos sociétés libérées du conflit et de la violence. »
J'ai compris que vos parents étaient tous deux de sincères pacifistes et que le prénom de votre mère signifie « paix ».

DÍEZ-HOCHLEITNER • Oui, *Friede* signifie « paix » en allemand. Mon père espagnol et ma mère allemande ont considérablement souffert, sous les régimes totalitaires auxquels ils furent confrontés pendant la Guerre civile espagnole et la Seconde Guerre mondiale. Leur paix intérieure, fondée sur des valeurs éthiques et morales, était renforcée par l'accord qu'il y avait entre leurs paroles et leurs actes, dans l'affirmation de leurs convictions. L'exemple de mes parents – toujours fidèles à leur amour de la paix et aux principes démocratiques – a représenté un don et un guide précieux tout au long de ma vie. Je veux transmettre ce trésor aux familles de mes sept enfants et vingt-deux petits-enfants comme le meilleur héritage que je peux leur offrir.

IKEDA • C'est un vœu très émouvant. Le chemin vers la paix véritable doit commencer par l'amour de la famille et se poursuivre par l'amour pour les relations, les amis, les gens qui vivent dans notre quartier, les différents groupes ethniques, les nations et toute l'humanité. En outre, il doit comprendre le désir d'une symbiose harmonieuse avec le monde de la nature. Le premier pas de la plus haute importance sur ce chemin est une éducation aux principes de paix. Il faut du courage pour avancer vers ce grand objectif de la paix : le rendre réel exige de nous d'être aussi courageux que l'était Don Quichotte face au ridicule et aux injures. Bien que cela puisse faire rire un esprit pragmatique, il nous faut un courage donquichottesque pour affronter tous les défis dans la réalisation d'un si grand objectif. J'ai compris que vous aimiez beaucoup le grand ouvrage de Cervantes.

DÍEZ-HOCHLEITNER • Oui, en effet. C'est le chef-d'œuvre de la langue espagnole. Quant à *Don Quichotte*, j'aime tout particulièrement le passage où il livre bataille aux moulins à vent qu'il prend pour des despotes géants ; cette scène illustre un courage véritable et une bonne dose d'idéalisme. Une vie tout à la fois sans idéaux ni action est vide de sens.

IKEDA • C'est très vrai. Ce qui est important, c'est de s'agripper à l'espoir et à nos idéaux sans jamais renoncer. Les difficultés de notre époque nous imposent d'affirmer notre courage et nos idéaux avec audace, pendant que nous progressons vers la réalisation du grand objectif de la paix.

CHAPITRE VII

Mondialisation et citoyenneté mondiale

IKEDA • Permettez-moi, je vous prie, de vous adresser mes félicitations pour le développement de l'Union européenne et la naissance d'une unité plus grande incluant des nations de l'est de l'Europe, qui avaient été coupées de l'Europe occidentale pendant la Guerre froide. L'unité européenne est une des grandes expériences du XXIe siècle. Je lui souhaite plein succès.

Le comte Richard Coudenhove-Kalergi – le père de l'unité européenne[1] – et moi avons eu plusieurs discussions qui ont été publiées en japonais dans une collection intitulée Civilisation, Orient et Occident. Après avoir été le témoin des atrocités de la Première Guerre mondiale, il rêvait d'établir une paix durable en créant une grande Europe. Ce récent développement constitue certainement un pas vers la réalisation de cette vision.

---

1. Le comte Richard Coudenhove-Kalergi (1894-1972), né à Tokyo d'un diplomate austro-hongrois et d'une mère japonaise, publia en 1923 son livre-manifeste, *Paneuropa*, où il préconisait la création d'une union des États européens, pour éviter que ne se reproduise la catastrophe de la Première Guerre mondiale. Ses idées connaissent alors un certain succès et influencent divers hommes politiques, mais l'avènement du nazisme ruine provisoirement ses espoirs. De nationalité française depuis 1939, après l'annexion de l'Autriche par Hitler, il est l'inspirateur du Conseil de l'Europe créé en 1947. (NDT)

À ce propos, j'ai longuement parlé avec André Malraux, qui avait pris part à la guerre civile espagnole ; il insistait sur le fait que, à l'époque nucléaire, l'humanité n'avait d'autre choix que de s'unir. En homme réaliste et pragmatique, il était, cependant, pessimiste sur les chances d'une union pacifique.

DÍEZ-HOCHLEITNER • Avec un père espagnol et une mère allemande (et une belle-fille française), je suis ravi de la perspective future de l'Union européenne et de l'espoir qu'elle offre d'une Europe pacifique. Je l'accueille d'autant plus volontiers que j'ai connu de première main les horreurs de la guerre civile espagnole des années 1936-1939 et, à un moindre degré, à travers les membres de ma famille, celles de la Seconde Guerre mondiale. Je suis encore gêné, cependant, par l'absence d'une vision européenne claire de la part de la majeure partie des Européens, y compris, malheureusement, de nombreux hommes politiques. À Hanovre, en 1994, en ma qualité de président, j'ai convoqué la première Conférence annuelle du club de Rome, intitulée « Europe 2020 ». Les débats que nous avons eus, en faveur d'une Europe intégrale (de Brest à Vladivostok) qui soit utile au monde comme un honnête partenaire, et non comme un nouveau pouvoir hégémonique, méritent encore d'être lus.

IKEDA • Vous avez mis le doigt sur un point très important, et j'espère que nous pourrons en dire beaucoup plus.

DÍEZ-HOCHLEITNER • Longtemps avant que Jean Monnet conçoive la Communauté européenne, le grand écrivain français Victor Hugo fut l'un des premiers à nourrir une extraordinaire vision de ce que l'Europe devrait être. Lorsque j'étais en train d'écrire des articles sur cette vision européenne dans la presse espagnole, j'ai demandé de la documentation sur la question. La majeure partie de celle que j'ai découverte se trouvait dans la magnifique collection que vous avez réunie dans votre Maison littéraire de Victor Hugo, à Bièvres, près de Paris.

IKEDA • Je suis heureux que cette collection vous ait été utile. L'esprit de Victor Hugo, le grand humaniste, rayonne encore davantage au fur et à mesure que les années passent. La profondeur de ses observations et de sa vision de l'avenir reste encore de la plus grande importance, aujourd'hui. Je voudrais saisir cette occasion pour vous dire à nouveau combien je suis heureux et honoré que vous ayez pris le temps, dans votre agenda chargé, d'assister à l'inauguration de notre Maison littéraire de Victor Hugo.

Vers la fin de notre série d'entretiens, Aurelio Peccei a discuté de la société mondialisée ; il remarquait que, maintenant, pour la première fois dans l'Histoire, tous les peuples et nations doivent partager de façon consciente l'environnement habitable limité de notre planète. Il affirmait énergiquement que notre société mondialisée n'a qu'un seul destin. En fin de compte, le sort de chaque individu est le même que celui de toute la planète. Cela signifie que nous devons faire face à un destin façonné par l'ensemble des plans que nous avons nous-mêmes élaborés pour l'utilisation et la protection de l'environnement, tel qu'il existe maintenant.

Comme le club de Rome l'a observé, la dégradation de l'environnement est un problème à l'échelle planétaire, qui, comme ceux de la démographie et de la pauvreté, et toutes les autres questions auxquelles nous sommes confrontés, exige des solutions à une échelle mondiale. Y parvenir est notre tâche, parce que l'humanité partage un destin commun, un destin mondial. Il est évident que l'extension de l'Union européenne est un élément qui va dans le sens de ces solutions.

Notre époque de destin mondialisé exige maintenant l'existence de citoyens du monde qui soient prêts à œuvrer au service de toute l'humanité, parce que nous devons tous penser et agir en commun. Comme tout le monde le sait, vous êtes un tel citoyen du monde.

DÍEZ-HOCHLEITNER • Nous devons tous nous considérer et nous comporter comme des citoyens du monde, et, pour cela, nous devons connaître nos propres racines. Nous sommes un élément important dans la complexité de notre planète et nous avons un rôle précis à jouer.

« Penser au niveau local et agir au niveau global », et, en même temps, « penser au niveau global et agir au niveau local » : ce sont là de bonnes recommandations à suivre dans ce monde global. Le respect pour la diversité culturelle dont nous sommes les héritiers, ainsi que le développement mondial durable, constituent également de solides lignes directrices pour définir notre rôle dans la vie.

IKEDA • Une société qui a des œillères est gouvernée par des critères conçus dans un esprit étroit. Les êtres humains ont besoin d'un champ de vision étendu et de l'énergie pour agir.

DÍEZ-HOCHLEITNER • Une fois, j'ai vécu réellement un tournant décisif dans ma vie, qui a beaucoup enrichi ma manière de voir. C'est arrivé lorsque je visitais la Tanzanie en qualité de membre d'un groupe de conseillers en éducation. C'était sous la présidence de Julius Nyerere, le père de l'indépendance de la Tanzanie. Seul Européen du groupe, je me demandais ce que je faisais là, car je n'avais aucune affinité avec ce pays. En fait, je n'avais guère d'estime pour la culture nationale, mais les gens se sont révélés authentiquement attachants tout en sachant aussi être critiques à bon escient. En d'autres termes, ils étaient si fondamentalement humains que je ne ressentis aucune différence entre eux et les gens que je fréquentais habituellement ; j'ai pu alors percevoir les personnes véritables derrière la couleur de leur peau, leur figure et leurs gestes. Le jour de mon départ, je déclarai au président Nyerere que j'avais éprouvé un changement dans mon cœur et que la seule différence majeure entre nous était celle, superficielle, de la couleur de peau.

Profitant de l'opportunité qu'il m'offrait, je prononçai un discours dans lequel je déclarai aux membres de l'auditoire combien je les avais trouvés étrangers, au départ, mais comment j'en vins plus tard à me sentir comme l'un d'entre eux. J'avais découvert leur beauté et m'étais mis à les aimer ; j'avais établi le contact avec la Tanzanie. Les gens, c'était incroyable, commencèrent à m'embrasser, et le président proposa de faire de moi un citoyen d'honneur. Si je n'étais jamais venu en Tanzanie, je n'aurais jamais éprouvé un tel changement dans mon cœur.

IKEDA • C'est une merveilleuse histoire, celle de la révolution humaine d'un individu.

DÍEZ-HOCHLEITNER • L'humanité doit être au centre de nos préoccupations, et nous devons commencer par notre examen de conscience. Ceux qui connaissent leurs propres capacités peuvent entrer en relations avec les autres d'une façon attentionnée. Ils peuvent exercer une influence véritablement humaine en étant attentifs à la vie politique, de façon à réclamer à leurs dirigeants des réformes qui donnent la priorité aux revendications les plus urgentes.

IKEDA • Précisément, tout doit commencer là où vous êtes. Si vous voulez avoir un puits, commencez par creuser le sol séance tenante. Il y a, de façon innée, un grand pouvoir chez un seul être humain ; la chose importante, c'est de faire le premier pas.

DÍEZ-HOCHLEITNER • Vous avez raison de dire que le dialogue peut revigorer la planète et la faire revivre. L'unification du globe ne réduira pas notre diversité. Les citoyens du monde restent citoyens du monde, quelle que soit leur origine, mais nous devons tous commencer par examiner nos propres racines. En effet, si nous nous connaissons nous-même, nous sommes mieux à même de connaître et de comprendre les autres.

IKEDA • Le premier président de la Soka Gakkai, Tsunesaburo Makiguchi, qui est mort en prison à cause de sa lutte contre le militarisme, insistait sur le fait que chaque individu est, en même temps, citoyen de sa propre région d'origine, de sa nation et du monde. Bien que nos racines soient là où se trouve notre pays natal, nous appartenons aussi à notre nation, et le monde est la scène sur laquelle nous passons nos vies. Conserver dans notre esprit les influences issues de nos origines nous permet de devenir des citoyens du monde, sans être dominés par les intérêts nationaux. Vous et M. Makiguchi êtes du même avis sur ce point. Il y a un siècle, il avait prédit que, finalement, l'ère de la compétition militaire, politique et économique céderait la place à une ère de compétition humaine, un milieu favorable au développement d'êtres humains compétents. L'éducation devrait jouer le rôle principal dans un tel développement. Considérant que c'était là le facteur le plus important, je me suis sincèrement consacré à l'éducation, dont l'humanisme et la citoyenneté mondiale sont des composants majeurs. L'ouverture internationale est au cœur de l'éducation des citoyens du monde, et c'est la raison pour laquelle des responsables du monde entier visitent les campus Soka. Nos effectifs étudiants sont cosmopolites : trente-deux pays et régions sont représentés à l'université Soka d'Amérique, et vingt-deux à l'université Soka du Japon. Notre but est d'utiliser l'éducation pour développer des citoyens mondiaux qui considèrent notre planète entière comme leur ville natale.

DÍEZ-HOCHLEITNER • Cela illustre la vision de grande ampleur que vous avez de l'éducation. Comme vous le savez, les politiques et les réformes de l'éducation ont été, et continuent d'être, le principal centre d'intérêt de toute ma vie professionnelle. C'est une bonne chose qu'une éducation interculturelle devienne aussi indispensable qu'une éducation interdisciplinaire.

IKEDA • Dans notre dialogue, le comte Coudenhove-Kalergi prédisait la fin du conflit Est-Ouest et l'intensification du conflit Nord-Sud. La prédiction s'est vérifiée. Comme l'indique son titre, notre dialogue traite de l'Est et de l'Ouest. Maintenant, nos dialogues doivent s'élargir de façon à inclure le Nord et le Sud – c'est-à-dire toute la scène mondiale. Avec l'espoir de favoriser ce type de dialogue, j'ai publié un entretien avec Majid Tehranian, un universitaire d'origine iranienne, spécialiste des actions en faveur de la paix. Votre pays natal, avec sa riche culture et son histoire de contacts et de brassage avec le monde islamique, détient une clé de la paix dans le monde.

DÍEZ-HOCHLEITNER • Oui. L'Espagne peut contribuer au dialogue Nord-Sud dans de nombreux domaines. Nous devons beaucoup à l'Amérique latine. Les Espagnols ont conquis différentes parties de l'Amérique du Sud et de l'Amérique centrale, d'où ils ont retiré d'immenses richesses. Ces peuples ont hérité de la culture espagnole et sont devenus des frères culturels : nous avons appris, et nous continuons à apprendre, beaucoup auprès d'eux. Nous avons aussi une dette envers ceux qui ont envahi l'Espagne : les Arabes, par exemple, nous ont laissé un important héritage culturel, et nous devrions considérer la plupart des peuples arabes, sinon la totalité d'entre eux, comme des frères. Avec un tel arrière-plan historique, l'Espagne est en mesure de nouer des relations empreintes de respect avec l'Amérique latine et les nations islamiques. J'avais recommandé au club de Rome de choisir le prince Hassan ben Talal de Jordanie pour me succéder en qualité de président, parce qu'il s'est consacré au dialogue interculturel et interreligieux. Il fut dûment élu à cette fonction. J'espère que aurez tous les deux l'occasion de bien faire connaissance, même s'il n'est plus président.

IKEDA • C'est très aimable à vous. Bien que je ne l'aie pas encore rencontré personnellement, j'ai eu l'honneur de correspondre avec le prince et j'ai été très heureux de recevoir de lui une lettre particulièrement courtoise.

Je voudrais saisir cette occasion pour lui réitérer ma gratitude pour son aimable proposition de tenir des expositions, lors de la réunion générale annuelle du club de Rome. Son idée se concrétisa avec l'exposition « Gandhi, King, Ikeda », organisée par le Morehouse College, aux États-Unis, et l'exposition intitulée « Construire une culture de paix pour les enfants du monde », conçue par la SGI des États-Unis et tenue en octobre 2003. À cette occasion, le prince Hassan ben Tallal a prononcé un discours devant un parterre d'intellectuels de plusieurs nations, dans lequel il nous appelait à en finir avec le nationalisme étroit, le racisme et la discrimination, et à bâtir un ordre international et une solidarité humaine fondés sur l'humanisme et le respect des droits de l'homme. Il a ajouté que le Mahatma Gandhi, Martin Luther King et moi avions indiqué la direction du chemin de la compréhension mutuelle et de la coopération, que l'humanité devait suivre.

Ces mots aimables à mon endroit mis à part, les remarques du prince décrivent clairement ce qu'est le citoyen du monde. C'est celui qui doit combattre le nationalisme étroit, le racisme et la discrimination. Les citoyens du monde doivent s'efforcer de créer la solidarité humaine par la non-violence et le dialogue. En outre, comme vous l'avez dit, ils doivent commencer ici et maintenant.

CHAPITRE VIII

Le monde tripolaire : les États-Unis, l'Europe et l'Asie

DÍEZ-HOCHLEITNER • Je voudrais vous féliciter pour le doctorat *honoris causa* de l'université de Jordanie qui vous a été décerné le 22 juillet 2004. Dans la lettre de félicitations qu'il vous a adressée, le prince Hassan ben Talal écrivait : « Comme savant et comme personne religieuse dotée de grandes qualités de compréhension et de compassion, vous nous avez invités à une réflexion plus élevée et à une action plus réfléchie. » Ses mots expriment le respect que je ressens aussi pour vous.

IKEDA • C'est très aimable à vous de me dire cela. Vos paroles me font le plus grand honneur qui soit et m'encouragent à renouveler ma détermination à lutter pour la paix mondiale. Dans ce cadre-là, nos discussions sur les différents aspects de l'avenir du monde revêtent une grande signification.

DÍEZ-HOCHLEITNER • Je le pense aussi. Les considérations sur l'avenir du monde mettent en jeu une structure tripolaire composée des États-Unis, de l'Europe et de l'Asie. Au lieu de s'opposer, ces trois composantes du monde doivent contribuer à un développement mondial durable, grâce à un soutien mutuel constructif et à la coopération entre elles.

IKEDA • C'est vrai. Comme tous les gens qui raisonnent sérieusement en sont d'accord, le moment est venu d'appeler à un arrêt de la confrontation. Du point de vue de la sécurité de l'humanité, la violence structurelle causée par la mondialisation – pauvreté, épidémies, destruction de l'environnement, etc. – atteint un seuil de gravité désolant.

Comme vous l'avez souligné, une telle violence structurelle et l'injustice sociale née de la mondialisation constituent un bouillon de culture pour l'augmentation de la violence concrète, comme le terrorisme et la guerre civile. Par conséquent, pour éliminer la peur du terrorisme, les États-Unis, l'Europe et l'Asie – leaders mondiaux sur les plans politique, économique et autres – doivent travailler ensemble pour construire une communauté mondiale équitable et durable. Les opinions qui prévalent à l'intérieur des États-Unis, seule superpuissance aujourd'hui, sont, évidemment, décisives.

DÍEZ-HOCHLEITNER • Chaque fois que j'ai parlé de l'importance du dialogue, d'un solide leadership et de critères d'évaluation, j'avais spécifiquement en vue les États-Unis. Fondamentalement, les États-Unis peuvent apporter une contribution constructive, sans user de leur puissance à des fins destructrices.

L'avenir des États-Unis est d'un intérêt vital pour toute l'humanité, à cause de leurs valeurs démocratiques, de leur immense réussite matérielle et de leur évidente et puissante influence internationale. Malheureusement, cependant, comme unique superpuissance actuelle, les États-Unis, en raison de leur attitude hégémonique unilatérale et de leur leadership imprudent, ont fait des erreurs graves et regrettables, à la fois sur le plan intérieur et sur le plan international.

IKEDA • Historiquement, la puissance militaire a souvent échoué à garantir la paix. Dans le monde d'aujourd'hui, le nombre de questions qui peuvent être réglées par la voie militaire est limité. Je respecte hautement la manière dont les États-Unis ont protégé la démocratie et la liberté, et ont contribué au développement mondial. Aujourd'hui, cependant, les peuples du monde veulent que les États-Unis, unique superpuissance, recherchent et poursuivent l'objectif d'une paix véritable pour toute l'humanité.

DÍEZ-HOCHLEITNER • Dans le passé, l'immigration a fait des États-Unis un creuset du genre humain. Grâce au développement social et économique, les habitants des États-Unis se sont constamment efforcés de surmonter toutes sortes de discriminations. D'un autre côté, les Américains ont aussi continuellement recherché le leadership et l'hégémonie mondiale. La personnalité du président – sa vision, sa sincérité, ses capacités – a souvent grandement influencé l'image et les actions des États-Unis, mais les intérêts particuliers des grands milieux d'affaires peuvent exercer une forte influence sur un président, à travers le jeu des groupes de pression.

IKEDA • Le complexe militaro-industriel – ainsi désigné par le président Dwight D. Eisenhower et analysé par John Kenneth Galbraith – a un rapport direct avec la survie et le bonheur des peuples du monde.

DÍEZ-HOCHLEITNER • Les États-Unis sont toujours exposés à la tentation de suivre le chemin de l'hégémonie militaire et économique. L'orientation adoptée par la nation dépend directement de la qualité des dirigeants du moment et de l'existence ou non d'attitudes pacifiques à long terme, et d'une vision internationale. En raison du danger des ambitions impérialistes et de conquête mondiale, les citoyens du monde entier devraient être en mesure de participer, d'une certaine manière, aux élections présidentielles américaines en faisant connaître leurs préférences. Des essais sur le terrain avec ce type d'approche sont déjà en voie de réalisation à partir des dispositifs et du réseau du projet Global Referenda. Si la chose se révélait faisable, cela pourrait produire un certain changement.

IKEDA • L'influence des États-Unis sur le monde est très forte.

DÍEZ-HOCHLEITNER • Oui. Parce que j'ai été en rapports avec eux tout au long de ma vie, j'ai une attitude très positive à l'égard des États-Unis. Ma famille et moi avons vécu à Washington, la capitale fédérale, où j'ai travaillé dans plusieurs organisations : l'Organisation des États américains, l'Alliance pour le progrès et la Banque mondiale. En outre, j'ai été administrateur de fondations et d'organismes académiques comme, parmi d'autres, le Conseil international pour le développement de l'éducation (ICED) et la Fondation pour le futur. Grâce à ce type de travail, j'en suis venu à comprendre, à admirer et à aimer de nombreux aspects de la société américaine.

Ce serait un bienfait pour toute l'humanité si les peuples du monde étaient capables d'aider les Américains à orienter leurs qualités positives et leurs efforts vers le progrès. Si nous restons fidèles au véritable esprit de la coopération multinationale, nous pouvons construire une société pacifique qui recherche la justice, protège l'environnement et lutte pour le développement durable. Les vrais amis critiqueront les dérives et les erreurs des États-Unis, tout en s'efforçant d'agir de manière constructive pour le bien de l'humanité dans son ensemble.

IKEDA • C'est le rôle que l'Europe a essayé de jouer. Quel rôle prévoyez vous pour l'Organisation du Traité de l'Atlantique Nord (OTAN) ?

DÍEZ-HOCHLEITNER • Bien que ce soit, sans aucun doute, un instrument défensif international utile, l'OTAN a besoin d'être relié, d'une manière effective, au système des Nations unies. Travailler franchement ensemble pour apporter la paix en Irak est essentiel si les relations entre les États-Unis et l'Europe sont appelées à devenir plus solides et plus amicales, dans les années à venir. En même temps, l'aide à plusieurs autres nations par l'intermédiaire des Nations unies est essentielle. Pour réaliser une coopération et une paix mondiales, la loi internationale est de la plus haute importance.

IKEDA • Bien que l'ONU puisse ne pas être le système idéal pour la coopération multinationale, le monde se porte certainement mieux avec les Nations unies que sans elles. Nous n'avons pas d'autre choix que de mettre en valeur, réformer et renforcer les Nations unies, car cette organisation est indispensable à un monde fondé sur la loi internationale. Je partage votre opinion sur ce point, et je fais, chaque année, des propositions aux Nations unies sur l'amélioration du monde.

Les Nations unies sont nées après les pertes humaines épouvantables des deux Guerres mondiales, et après des tentatives antérieures qui avaient échoué comme les Conférences de la paix, de La Haye, et la Société des nations. Leur but principal est brièvement exprimé dans l'article I du Préambule de la Charte : « Préserver les générations futures du fléau de la guerre qui, deux fois en l'espace d'une vie humaine, a infligé à l'humanité d'indicibles souffrances... ». En d'autres termes, une assemblée de l'humanité comme les Nations unies ne serait pas née, sans ces souffrances indicibles. Les Nations unies et les efforts individuels des citoyens du monde au nom de la paix constituent une force majeure historique qui ne devrait pas être sous-estimée.

DÍEZ-HOCHLEITNER • Bien que je ne voie pas la nécessité d'un gouvernement mondial, je pense vraiment que les organisations internationales comme les Nations unies, dans lesquelles des représentants souverains de toutes les nations membres participent, sont nécessaires. En temps de guerre, les représentants des parties en conflit peuvent se retirer temporairement.

Les nations peuvent confier la résolution de différentes questions aux Nations unies, par l'intermédiaire de son propre Parlement, l'Assemblée générale, sans renoncer à leur souveraineté. En ce sens, les Nations unies sont un lieu de dialogue entre les gouvernements, les entreprises, les fondations et les organisations non gouvernementales (ONG).

Au lieu de prendre ce rôle à la légère, ou de s'abstenir de fournir des conseils éthiques dans les questions concernant la sécurité, les États-Unis devraient se battre pour l'extension et la réforme des organisations internationales importantes, et ils devraient assumer la responsabilité du leadership en la matière, en encourageant tous les États nations à rejoindre ces organisations.

IKEDA • Bien que, aux yeux de certains, la guerre d'Irak ait mis en évidence l'impuissance des Nations unies, je ne suis pas de cet avis et j'estime plutôt qu'elle a démontré son importance. Paradoxalement, les difficultés que les États-Unis ont rencontrées en Irak démontrent à quel point la structure multinationale des Nations unies et la légitimité qu'elles transmettent sont importantes. La guerre moderne implique une mobilisation générale des peuples, et chacune des parties en guerre insiste sur la justice de sa cause ; malheureusement, nous savons, vous et moi, par l'expérience de l'Histoire, comment les États-nations tuent au nom de la justice. Comme la justice dépend souvent de celui qui la rend, la loi internationale, qui opère dans un cadre international, est notre recours le plus raisonnable.
Dans *La République*, Platon disait que la « justice » profite au puissant ; le temps est maintenant venu de mettre un terme à cette vieille idée millénaire, selon laquelle c'est la force qui fait le droit. La manière la plus logique d'agir en ce sens est de mettre au point un système multinational de droit international.
La « vieille » Europe, qui, au cours du XXe siècle, a subi les horreurs de deux guerres majeures, a fondé une union, ou une alliance, des nations européennes à la recherche de coopération multinationale et de paix ; cette expérience revêt une grande importance historique.
Je crois que la question de l'immigration aura un effet déterminant pour savoir si la grande expérience européenne aboutira à un modèle valable pour un monde pacifique et prospère, ou bien si elle débouchera sur des blocs de nations riches. Même la France et les Pays-Bas, qui avaient, précé-

demment, une attitude tolérante à l'égard des immigrants, sont, apparemment, en train de changer de politique.

DÍEZ-HOCHLEITNER • Les nations de l'Union européenne essaient d'harmoniser entre elles les lois sur l'immigration ; actuellement, les frontières politiques sont ouvertes entre les nations membres. Dans l'idéal, elles devraient être ouvertes partout aux personnes : cela ferait vraiment de chacune d'entre elles un citoyen du monde. Cependant, l'évolution réelle est difficile et semée d'obstacles ; la coopération étroite avec les pays d'origine des immigrants est essentielle.

IKEDA • Dans son livre *Loosing Control? Sovereignty in an Age of Globalization* (« Perdre le contrôle ? La souveraineté dans une époque de mondialisation »)[1], la sociologue américaine Saskia Sassen faisait cette remarque : alors que la mondialisation est une forme de déterritorialisation économique, les immigrants reterritorialisent les gouvernements. Il n'est pas exact de dire, en effet, que la mondialisation signe le déclin de l'État : même quand la mondialisation exerce ses effets, des fonctions gouvernementales – comme le contrôle des frontières et les mesures de sécurité contre le terrorisme et le crime – en réalité, s'intensifient. Cette tendance est devenue de plus en plus prononcée depuis le 11 septembre 2001. Alors que les mouvements à travers les frontières entre pays du Nord, ou à partir du Nord vers ceux du Sud, sont libres, le mouvement de ceux du Sud vers ceux du Nord est étroitement limité.

DÍEZ-HOCHLEITNER • L'égoïsme régional doit être surmonté si l'on veut accepter les migrations dans toutes les directions. Les politiques d'immigration « portes ouvertes » rencontrent fréquemment une opposition : le manque de coopération et le rejet culturel font obstacle à une véritable acceptation dans

1. Saskia Sassen, *Loosing Control? Sovereignty in An Age of Globalization.* New York: Columbia University Press. University seminars/Leonard Hastings Schoff memorial lectures. 1996. (NDT)

les pays d'accueil. Pour éviter cela, il faut instaurer des relations à l'amiable dans lesquelles les réglementations locales soient respectées et les institutions honorées, et cela dans un cadre respectueux des droits de l'homme.

Quel rôle envisagez vous pour le Japon, dans un tel contexte ? Vous-même, je dois dire, vous apportez aujourd'hui beaucoup plus votre contribution au monde que vous n'apprenez de lui. Vos réponses à mes questions et vos espérances, par elles-mêmes, constituent une contribution au monde. Pendant des décennies, le Japon a occupé la première place pour le développement économique et technologique et il a établi maintenant de fortes positions en Orient. Comme l'Allemagne dans la période qui a suivi la Seconde Guerre mondiale, le Japon offre au monde un magnifique exemple, en restaurant ses traditions pacifiques et culturelles raffinées, et je crois que les enseignements et l'action pratique de la Soka Gakkai ont joué un grand rôle dans ce processus.

IKEDA • Merci pour votre bienveillance. Je laisserai aux spécialistes le soin de faire une évaluation objective du rôle joué par la Soka Gakkai dans la société japonaise de l'après-guerre. Je me contenterai d'observer que, pendant la période de conflit idéologique non constructif de l'après-guerre, la Soka Gakkai a, sans aucun doute, propagé la philosophie de la paix parmi les gens ordinaires, créant ainsi une puissante force pacifiste dans la société japonaise.

Quant à ce que le Japon devrait faire, je crois, tout d'abord, que, avec sa Constitution de paix[2] digne d'éloges, le Japon

---

2. La Constitution japonaise, mise en vigueur le 3 mai 1947, comporte notamment le texte suivant : « Chapitre II. Renonciation à la guerre – Article 9. Aspirant sincèrement à une paix internationale fondée sur la justice et l'ordre, le peuple japonais renonce à jamais à la guerre en tant que droit souverain de la nation, ou à la menace, ou à l'usage de la force comme moyen de règlement des conflits internationaux. Pour atteindre le but fixé au paragraphe précédent, il ne sera jamais maintenu de forces terrestres, navales et aériennes, ou autre potentiel de guerre. Le droit de belligérance de l'État ne sera pas reconnu. ». (NDT)

devrait avoir un rôle de leader dans le monde en devenant une grande nation pacifiste et humaniste. En second lieu, le Japon doit devenir un membre de la communauté asiatique au sens plein du terme ; l'échec à nouer des liens amicaux avec l'Asie limiterait nos options.

J'ai, depuis longtemps, soutenu l'idée que, compte tenu de leur potentiel historique, culturel et politique, la Chine et l'Inde rejoindraient les États-Unis et l'Europe dans le peloton de tête des pouvoirs majeurs dans le monde ; il est certain que leur importance va croître, dans les années à venir. Pour notre bien, et pour celui de l'Asie et du reste du monde, le Japon doit renforcer la coopération avec la Chine et l'Inde.

DÍEZ-HOCHLEITNER • Oui, je comprends. De mon point de vue, aucun ordre mondial juste et pacifique n'est concevable sans une participation pleine et entière des États-Unis et de l'Europe, sur un pied d'égalité avec le Japon, la Chine et l'Inde. Bien sûr, l'Afrique et l'Amérique latine doivent aussi y prendre part.

Un des plus vastes pays du monde, la Chine, fait l'expérience d'une croissance économique stupéfiante et, compte tenu de l'accomplissement de réformes prometteuses et essentielles, il est certain qu'elle va devenir un partenaire mondial majeur ; tout le monde reconnaît cette évolution nécessaire pour elle. Des milliers d'années de réalisations culturelles sont redécouvertes et confèrent à la Chine l'attention qu'elle mérite ; en outre, la société chinoise va être économiquement puissante, à la fois sur son territoire et parmi les autres nations asiatiques.

IKEDA • Le Japon est apparu sur le devant de la scène il y a à peine plus de cent ans ; des milliers d'années auparavant, la civilisation chinoise représentait le cœur de l'Asie. Au cours de la première étape de son ascension, le Japon a envahi la Chine, alors que le peuple chinois n'avait jamais envahi le Japon. À vrai dire, sur le plan historique, à quelques exceptions près, les dynasties chinoises n'avaient jamais adopté d'attitudes agressives à l'égard des pays voisins. À la lumière de ce passé, il est absurde d'exagérer la menace chinoise.

Je me suis fait l'avocat de la normalisation des relations sino-japonaises dès 1968. À cette époque, la Révolution culturelle incitait les gens à parler de la menace chinoise beaucoup plus qu'aujourd'hui. Je n'en étais pas moins inflexible dans ma détermination en faveur de la normalisation et de la réalisation de relations amicales, pour le bien des générations futures.

Alors que le monde change à une vitesse qui donne le vertige, une communauté de l'Asie orientale a déjà commencé à se constituer. Il ne fait aucun doute que l'accélération de ce processus profitera au Japon, à l'Asie et au monde.

DÍEZ-HOCHLEITNER • L'Inde, au cours de ces dernières années, en plus de ses succès importants dans les domaines de la croissance sociale et économique, et de la démocratisation, a fait d'extraordinaires progrès dans l'enseignement supérieur, la science et la technologie d'avant-garde. Aujourd'hui, l'Inde va continuer à offrir le genre d'inspiration spirituelle qu'elle a offerte dans le passé.

IKEDA • Nous, bouddhistes, éprouvons un respect particulier pour l'Inde – la super-puissance spirituelle – qui est le lieu de naissance de notre religion. Dans des temps plus récents, l'Inde a produit Gandhi, dont la philosophie de la non-violence a illuminé le monde. Dans le domaine politique, l'Inde fut le leader des nations non alignées et elle continue à fournir des points de vue différents dans la société internationale.

Bien qu'elle ait été récemment éclipsée par le terrorisme international, la question de l'interdépendance mondiale traitée, dans le rapport du club de Rome *Halte à la croissance ?* deviendra certainement un thème central de la société internationale à nouveau. Quand cela se produira, la voix de l'Inde sera encore plus écoutée pour ses points de vue sur la civilisation, l'humanité et la nature, qui sont différents de ceux adoptés par la culture moderne occidentale.

DÍEZ-HOCHLEITNER • Comme représentant de groupes privés ou bien comme envoyé d'organisations internationales et intergouvernementales, j'ai visité la Chine et l'Inde à plusieurs reprises. C'est pourquoi j'ai de multiples raisons de respecter et de célébrer ces deux pays. Nous ne devons jamais oublier que la population cumulée de ces deux pays représente à peu près la moitié de la population totale mondiale. Comme le reste du monde, le Japon, la Chine et l'Inde doivent surmonter les animosités du passé et travailler ensemble pour résoudre pacifiquement les problèmes. Ils doivent établir des liens étroits de coopération mutuelle ; individuellement et ensemble, ces trois pays peuvent offrir une base d'espoir au monde. En outre, l'Occident doit parler à l'Orient face à face, sur un pied d'égalité.

IKEDA • Exactement. Nous devons éviter les prétendus chocs des civilisations : l'humanité qui vit sur une Terre souffrante ne peut pas se permettre plus longtemps de cultiver l'impérialisme ou les jeux de pouvoir. Vous, qui êtes de l'Occident, et moi, de l'Orient, nous ne devons jamais cesser d'exhorter les dirigeants du monde à s'engager dans le dialogue et à coopérer au nom de la coexistence harmonieuse.

CHAPITRE IX

Gouvernance mondiale et révolution dans le leadership

DÍEZ-HOCHLEITNER • Les dirigeants actuels du monde parlent et agissent trop souvent d'une manière inconséquente. Ce n'est pas le type de leadership dont nous avons besoin. Ce dont nous avons besoin, c'est d'un leadership impartial qui respecte l'environnement et encourage la coopération entre tous les groupes ethniques, afin de garantir l'existence harmonieuse et continue du genre humain. La Terre est fondamentalement malade, et la situation s'aggrave ; plus sérieuse que les crises physiques, cependant, est la crise profonde des valeurs et la pénurie croissante de dirigeants dignes de confiance. Au club de Rome, nous avons consacré nos meilleurs efforts à trouver des moyens de sortir de ce dilemme. Le rapport *The Capacity of Govern*[1] (« La capacité de gouverner »), qui détaille les qualités et la formation requises, est une contribution dans cette direction.

IKEDA • Dans le rapport d'avertissement *Halte à la croissance ?* publié il y a plus de trente ans, le club de Rome signalait au monde que la civilisation matérielle avait atteint ses limites. Nous savons ce qui doit être fait, mais il nous manque l'esprit de décision pour le faire ; au cœur de cet échec, il y

---

1. Yehezkel Dror, *The Capacity of Govern: A Report to the Club of Rome*, Londres, Frank Cass, 2001. (NDT)

a le manque de leaders responsables, capables d'avoir une vision globale. Trop de nations veulent ignorer la situation critique des pays pauvres, afin de pouvoir accroître leur propre richesse ; entièrement préoccupées par le présent, elles ignorent le destin des enfants de l'avenir.

DÍEZ-HOCHLEITNER • Un monde dans lequel les gens satisfaits et bien nourris portent une attention insuffisante aux autres est gravement malade ; telle est la situation de notre monde aujourd'hui.

IKEDA • Vous m'avez dit, une fois, que la planète est malade parce que l'humanité l'est. Selon une observation fondamentale du bouddhisme, le désordre dans l'environnement et la société se produit parce que les pensées des gens sont perturbées et instables[2]. Sauver la planète exige que soient changées les idées et les valeurs qui animent la société ; les conceptions éthiques, historiques et sociales des dirigeants affectent directement l'orientation prise par la société.
Le club de Rome et la Soka Gakkai internationale s'accordent à reconnaître que seule une révolution humaine – un changement dans le cœur et l'esprit de chacun d'entre nous – peut stimuler une révolution de la planète. Une telle révolution dans le leadership est d'une urgence extrême. Qui, parmi tous les dirigeants que vous avez rencontrés, représente le mieux le leader idéal ?

DÍEZ-HOCHLEITNER • Je mettrai, en premier, le roi d'Espagne, qui est une personne exceptionnelle à mes yeux et à ceux de mes compatriotes ; ses paroles et ses actes sont toujours respectueux du peuple et de l'environnement. Parmi les dirigeants illustres que j'ai eu le privilège de rencontrer dans

2. « Quand un pays connaît des désordres, ce sont d'abord les esprits maléfiques qui montrent des signes d'agitation. Parce que les esprits maléfiques s'agitent, tous les hommes sombrent dans la discorde. » Citation du Sûtra des Rois vertueux par Nichiren, *Traité pour la paix dans le pays par l'établissement de l'enseignement correct* (*Rissho Ankoku Ron*), 1260. (NDT)

ma vie, John F. Kennedy vient aussitôt après ; sa photo est toujours exposée chez nous.

IKEDA • Le président Kennedy a humanisé la politique ; il avait transcendé l'éthique du pouvoir et croyait au pouvoir de la conscience. Il nous disait, à tous, que, si l'on considère, avec pessimisme, la paix comme quelque chose d' impossible et d'irréel, c'était là une position défaitiste. Il ajoutait que l'homme peut être aussi fort qu'il le veut, et qu'il n'y a aucun problème dans le destin de l'humanité qui dépasse la capacité des êtres humains à les résoudre[3]. Comme une bouffée d'air frais porteuse d'espérance en des temps dépourvus de vrais leaders, ses paroles nous encouragent dans notre lutte pour la paix.

DÍEZ-HOCHLEITNER • J'avais été nommé et détaché par l'Unesco en qualité de secrétaire exécutif d'un groupe de travail chargé d'un plan d'éducation de dix ans pour l'Amérique latine, dans le cadre du programme de l'Alliance pour le progrès, et cela me donna un certain nombre d'occasions de rencontrer le président Kennedy dans une période passionnante de l'histoire.

IKEDA • En 1960, peu de temps après que je fus devenu président de la Soka Gakkai, on m'avait fait savoir que le président Kennedy souhaitait me voir ; il y eut, malheureusement, son tragique assassinat, et je ne l'ai jamais rencontré. Mais j'ai effectivement rencontré le sénateur Edward Kennedy à Tokyo, en janvier 1978. C'était au temps de la guerre froide. Je lui ai dit : « La chose qui compte, ce sont les valeurs humaines. La société internationale fait face à mille difficultés, mais les Soviétiques et les Chinois sont aussi des êtres humains. Nous devons travailler dur pour rendre la société internationale plus consciente du concept de communauté humaine. »

---

3. Discours devant l'American University, Washington, DC, 10 juin 1963.

Le sénateur Kennedy répondit que, pour favoriser la compréhension mutuelle entre les peuples, nous devons agir de façon humaine. Notre humanité est notre point de départ, et c'est à notre humanité que nous devons revenir. Ces paroles rappellent la noblesse, le courage et l'optimisme typiques de toute la famille Kennedy.

DÍEZ-HOCHLEITNER • À une époque de tensions et d'action en Europe, j'ai aussi rencontré le chancelier allemand Konrad Adenauer et le président français Charles de Gaulle. J'ai rencontré le Dr Adenauer quand je préparais mon diplôme de master à l'Ecole supérieure d'ingénieurs, de Karlsruhe, et je continue à trouver une forte inspiration dans ses vues sur la démocratie. Le président de Gaulle combinait la *grandeur*[4] qu'il avait toujours voulue pour la France avec une indéniable gravité. Bien que tous deux eussent des perspectives ouvertes et à long terme en faveur d'une coopération entre Orient et Occident, ils étaient trop empêtrés dans les problèmes à court terme de l'après-guerre.

IKEDA • À mon avis, la plus importante réussite d'Adenauer et de De Gaulle fut de venir à bout de l'hostilité qui avait existé entre la France et l'Allemagne depuis l'époque napoléonienne, et d'ouvrir la porte de la réconciliation et de l'entente. Ennemies invétérées avant la Seconde Guerre mondiale, les deux nations, en l'espace de quelques décennies, ont développé une relation qui rend la guerre entre elles inconcevable. Cette réalité historique irrécusable montre seulement que des conflits apparemment insolubles peuvent être résolus. C'est là à la fois un avertissement et un signe d'espérance pour l'avenir.

DÍEZ-HOCHLEITNER • Je suis d'accord. Plus tard, au titre d'une partie de mes activités comme fonctionnaire international et officiel gouvernemental, j'ai eu le privilège de rencontrer

4. En français dans le texte.

plusieurs autres présidents et personnalités politiques – en Afrique (Julius Nyerere), en Asie (Indira Gandhi), en Amérique latine (Belisario Betancur) et en Europe (Olof Palme). J'ai appris à estimer plusieurs traits de leurs personnalités, tout en reconnaissant chez eux de nombreux défauts.

Pendant mon mandat de président, le club de Rome organisait des entretiens d'une journée à huis clos entre trois ou quatre de ces dirigeants et notre comité exécutif. Dans la plupart des cas, il était rapidement évident que la réunion était strictement confidentielle, et alors ces personnes, apparemment convaincues, sûres d'elles-mêmes et influentes étaient plutôt heureuses d'accepter des conseils, de reconnaître leur ignorance, leurs limites et leurs incertitudes propres dans de nombreux domaines.

IKEDA • Votre expérience avec différents dirigeants révèle que le facteur humain est beaucoup trop important pour être ignoré pendant les discussions sur la politique et les régimes politiques.

DÍEZ-HOCHLEITNER • C'est vrai. J'ai fait, plus tard, la connaissance de notre ami commun, Mikhail S. Gorbatchev. Avec quelques membres du comité exécutif du club de Rome, nous avons visité le président Gorbatchev au Kremlin après qu'il eut lancé la *perestroika* et la *glasnost*. Dès le début, nous avons établi une relation très cordiale et féconde. Depuis lors, nous nous sommes rencontrés en de nombreuses occasions en Russie et ailleurs, y compris en Espagne. J'ai suivi avec sympathie et admiration son pèlerinage vers la démocratie et, plus tard, son effort en faveur de la coopération mondiale, des droits de l'homme, de la paix et de la liberté. Fidèle à ses idéaux, il voulut d'abord aider le communisme à surmonter ses nombreux échecs. Plus tard, il conduisit avec fermeté la transformation de l'URSS en une Russie démocratique et libre. J'ai une profonde admiration pour ses efforts et pour son succès.

IKEDA • Mikhail Gorbatchev aurait pu exercer le pouvoir comme ses prédécesseurs au Kremlin ; mais, même s'il avait compris qu'il risquait, lui aussi, d'être balayé par le changement, il entreprit une mission de démocratisation et de libéralisation de son pays. Il me dit, une fois : « Je sais tout sur le pouvoir. Quand celui-ci et la politique vont de pair avec des actions injustes et immorales, je ne peux les accepter. Après mûre réflexion, j'en suis venu à croire fermement qu'il ne peut y avoir aucun compromis avec une politique dépourvue de sens moral. » Mikhail Gorbatchev a pulvérisé les bases de la structure de pouvoir du Kremlin ; son émergence sur la scène de l'Histoire fut une chance heureuse.

DÍEZ-HOCHLEITNER • Maintenant, c'est à mon tour de vous demander lesquels, parmi les dirigeants que vous avez rencontrés, vous ont le plus impressionné.

IKEDA • Parmi les leaders asiatiques, je dois citer le Premier ministre de la République populaire de Chine, Chou En-laï, que j'ai rencontré quand il était hospitalisé à Pékin, en décembre 1974. Bien qu'il fût atteint d'une maladie incurable, il trouva du temps pour un homme jeune comme moi. C'était un révolutionnaire déterminé, un diplomate raffiné et un homme d'affaires clairvoyant. Dans un seul corps physique, il incarnait une combinaison de sagesse historique pénétrante et de dévouement profond au bien d'autrui. En outre, il contribua à conduire la Chine vers sa prospérité actuelle en combattant la bande des Quatre et en protégeant Deng Xiao-ping et la jeune génération de dirigeants. Sans Chou En-laï, un des leaders asiatiques les plus remarquables du XXe siècle, la Chine ne serait pas aussi prospère et stable qu'elle l'est maintenant, et, sans une Chine stable et prospère, l'Asie ne peut pas prospérer.

DÍEZ-HOCHLEITNER • Je ne peux m'empêcher de penser que, par comparaison avec les figures charismatiques dont nous avons discuté – des personnes dotées d'idéaux et de volonté –, la plupart des dirigeants actuels sont médiocres.

IKEDA • Je dois, malheureusement, vous approuver. Les individus trouvent de plus en plus de difficultés à faire la preuve de leurs capacités de leaders et à mettre en avant des orientations nouvelles, maintenant que la politique, l'économie, la science et l'éducation ont pris une importance démesurée et sont devenues intensément spécialisées. Paradoxalement, cependant, ces conditions sont précisément les raisons pour lesquelles les dirigeants, aujourd'hui et dans l'avenir, ont besoin d'être extraordinairement capables et courageux.

Personnellement, je crois qu'un « esprit poétique » est une des caractéristiques essentielles des bons dirigeants, dans cette nouvelle ère. Je me représente cet esprit par référence à ce que j'appelle l'« œil du poète » : l'œil de celui qui a l'expérience de la grande littérature et qui a affûté ses propres pouvoirs d'expression. L'« œil » des sciences sociales analyse et interprète les courants majeurs de l'histoire humaine. L'« œil du poète » s'appuie sur la sagesse accumulée par la culture littéraire mondiale et il prévoit la situation la meilleure possible pour la société, à partir d'une vision à long terme fondée sur le respect de l'univers et de la dignité de la vie.

Comme le pensait le psychiatre suisse Carl Gustav Jung, notre temps est celui où l'appartenance fonctionnelle prend le pas sur l'entité humaine individuelle et où la responsabilité morale individuelle est en passe d'être remplacée par la logique nationale[5]. Dans une telle période, il manque aux dirigeants l'« œil du poète » et l'« œil littéraire » pour discerner l'irremplaçable dignité de chaque individu. J'appelle « hommes, ou femmes, politiques-poètes » les quelques hommes et femmes politiques qui possèdent ces traits.

---

5. Carl Gustav Jung, *Gegenwart und Zukunf*, 1957. En français : *Présent et avenir*, Paris, Buchet-Chastel, 1962 et Denoël, 1978 (plusieurs rééditions).

De tels acteurs politiques acceptent la responsabilité de ce qu'ils disent et, par des discours entraînants, ils inspirent aux gens le courage de relever les défis. Les hommes et femmes politiques dont nous venons de parler sont de brillants exemples de ce que j'ai voulu décrire.

DÍEZ-HOCHLEITNER • J'aime beaucoup votre référence aux « hommes et femmes politiques-poètes ». La poésie et la philosophie sont, de mon point de vue, le sommet véritable de la créativité spirituelle. L'homme, ou la femme, politique idéal est quelqu'un de franchement dévoué au service de la société, qui garantit des élections libres et la participation active de la société civile dans l'exécution des projets particuliers et des objectifs généraux promis dans le programme de son parti. Je considère que le Dr Belisario Betancur, mon ami proche, ancien président de la Colombie (1982-1986), est une de ces personnes.
À l'avenir, hommes et femmes politiques devront, dans l'idéal, expliquer à la société les implications des programmes à court terme et de leurs moyens d'application – ainsi que leurs conséquences à long terme. C'est ce que j'appelle une « démocratie anticipatrice ».

IKEDA • C'est un point très important. Aujourd'hui, les disparités et les contradictions entre ce que les hommes et femmes politiques proposent en matière de programmes à moyen et à long terme et les politiques à court terme, qu'ils réalisent effectivement, sont plus grandes que jamais. Un dirigeant vraiment efficace doit avoir la détermination de transformer cette situation tout en gardant toujours à l'esprit la vision à long terme.
Tout en protégeant passionnément la dignité des vies individuelles, l'homme et la femme politiques doivent être pleinement conscients des progrès réalisés en sciences sociales. En outre, ils doivent promouvoir fermement la coexistence pacifique pour toute l'humanité, en gardant les yeux fixés sur les perspectives à moyen et à long terme.

Effectuer, sans plus, un passage de l'État-nation à la gouvernance mondiale serait dépourvu de signification. La politique et les hommes et femmes politiques doivent prendre pour piliers de leur action le respect de la dignité de la vie, la mise au point de perspectives justes et le pouvoir de les réaliser, ainsi que l'éloquence nécessaire pour inspirer aux gens un sens de la communauté et du courage. Voilà pourquoi je préconise une révolution dans le leadership, sans quoi nous ne pourrons pas sauver la planète.

DÍEZ-HOCHLEITNER • Je suis d'accord. Vous avez abordé le sujet de la gouvernance mondiale. Or, je suis concerné par l'état de la gouvernance en ce moment, et par la question de savoir quels changements nous devons initier pour l'améliorer. Nous devons garder à l'esprit les multiples strates qui composent la gouvernance : la structure gouvernementale et administrative, le monde des affaires et les organisations privées.

IKEDA • Après la Seconde Guerre mondiale, Albert Einstein et Bertrand Russell, qui étaient à la recherche de la meilleure forme de gouvernement transnational, ont parlé de la nécessité d'un gouvernement mondial ou d'une fédération mondiale, mais leurs idées se sont révélées difficiles à réaliser et d'une exécution improbable. Au cours des années 1990, l'idée d'une gouvernance mondiale est apparue, selon laquelle, sans qu'il y ait une supervision globale, un certain nombre d'organisations, y compris des États-nations, pourraient se réunir pour discuter des problèmes, et constituer une sorte de réseau mondial de gestion – c'est-à-dire une gouvernance en réseau, sans autorité centrale. Mais un tel dispositif peut difficilement éviter de refléter les rapports de force entre les nations, à un moment donné.
Plusieurs points doivent être pris en considération si nous devons arriver à une gouvernance mondiale responsable. Premièrement, les Nations unies doivent être au centre du système, et celles-ci doivent être réformées et renforcées.

Deuxièmement, l'autorité de la loi doit être, pas à pas, instaurée de façon systématique. Faire jouer un rôle à la Cour pénale internationale représente un précédent important dans ce processus. Troisièmement, la gouvernance doit être bâtie sur la solidarité entre les peuples.
Autre question vitale : nous ne devons pas tout laisser faire aux dirigeants ; nous devons étendre le cercle des citoyens du monde profondément concernés par les valeurs de toute l'humanité et dotés d'un sens de la responsabilité à l'égard des générations futures. Dans ces conditions, le club de Rome et la SGI partagent le même point de vue. Les gens ordinaires sont les créateurs de l'Histoire ; les doter d'une formation adéquate, c'est la certitude de faire se lever des dirigeants remarquables qui fourniront, plus tard, la force agissante de cette révolution dans le leadership.

DÍEZ-HOCHLEITNER • Je suis d'accord. Le club de Rome, qui accorde une importance particulière à ce point-là, prête une grande attention aux affaires et aux hommes d'affaires. Dans mes trente années d'expérience pendant lesquelles j'ai traité avec de grandes entreprises, j'ai trouvé chez elles nombre d'aspects négatifs. Dépourvues de conscience sociale et du sens de la responsabilité collective, elles étaient souvent prêtes à détruire l'environnement naturel et ne se souciaient guère de leurs employés et de leurs actionnaires. Pourtant elles commencent peu à peu à comprendre mieux les questions environnementales et à consacrer une partie de leurs profits à des fondations appropriées, à des ONG et à des organisations d'assistance économique.

IKEDA • Oui. Aucune entreprise ne peut négliger de prendre l'environnement en considération, et certaines d'entre elles y voient même une occasion d'accroître la valeur de leur affaire. Le livre du club de Rome *Halte à la Croissance ?* représenta certainement un tournant dans cette transformation des attitudes, car il montrait aux consommateurs que l'environnement ne peut être utilisé comme un réservoir aux ressources illimitées et que, si le consommateur évolue, les entreprises doivent faire de même.

Une initiative de l'ancien secrétaire général des Nations unies, Kofi Annan, qui porte le nom de *Pacte mondial*[6], appelle à des efforts combinés de la part des Nations unies, des entreprises et des ONG pour garantir les ressources financières et réguler les actions des sociétés transnationales en matière de droits de l'homme, de conditions de travail et d'environnement.

Qu'on le veuille ou non, les sociétés transnationales sont des acteurs importants sur la scène internationale. Certaines personnes reprochent au Pacte mondial de permettre aux entreprises de se couvrir impunément de l'autorité des Nations unies. Néanmoins, j'espère que, dans les années à venir, ce genre d'union librement consentie deviendra progressivement de plus en plus ordinaire.

DÍEZ-HOCHLEITNER • Les médias représentent un autre sujet qui doit figurer dans toute discussion sur la société mondialisée. Les êtres humains ont un droit fondamental à la libre circulation d'une information qui soit appropriée, exacte et non manipulée. La circulation mondialisée de l'information permet toutes sortes de possibilités pratiques et empêche l'utilisation de la mondialisation pour l'avantage exclusif des riches et des puissants. La circulation sans entrave d'une information appropriée revêt une immense valeur éthique et morale, et c'est la raison pour laquelle nous devrions créer, auprès de chaque groupe de médias, des organismes d'analyse chargés de s'assurer que l'information soit éthique, indépendante et objective.

IKEDA • La politique médiatique prend de plus en plus d'ampleur, aux plans local et international. Les hommes politiques sont conscients de l'intérêt des médias et essaient souvent d'utiliser la circulation de l'information à leur propre

6. Le terme officiel en anglais est *Global Compact*.

avantage. La quantité d'information qui est la disposition de chacun d'entre nous s'accroît à pas de géant, mais, au fur et à mesure que ce volume grossit, il en est de même de la quantité d'informations fausses et susceptibles de prendre l'avantage sur les vraies. Pour faire face à cette situation, nous devons enseigner – dès leur plus jeune âge – l'écriture médiatique aux enfants.

Nous devons aussi nous demander si l'évolution des médias peut nous rendre heureux. L'évolution illustrée par des techniques comme la diffusion par satellite et Internet offre deux images futures de la mondialisation : l'image positive met l'accent sur le renforcement des liaisons internationales qui aident au développement de la démocratie ; cependant, la seconde image, plus sombre, suggère une société de surveillance du genre de celle décrite par George Orwell dans son livre *1984* [7].

Nous devrions nous efforcer de concrétiser la première image. Pour cela, il nous faut donner une forme organisée à l'information et en comprendre le fonctionnement correctement. Nous devons aussi prendre conscience du fait que la connaissance seule ne conduit pas au bonheur. Pour être heureux, les êtres humains doivent avoir la sagesse de faire un bon usage de leur connaissance. Il existe deux moyens, d'importance grandissante, pour acquérir une telle sagesse : stimuler le dialogue et tirer les leçons, par les lectures, de notre héritage intellectuel.

---

7. George Orwell, *1984*. Publié en anglais en 1949, traduit et publié la même année en français. Nombreuses rééditions. La principale figure du roman, *Big Brother*, inspirée de Staline, est devenue une figure métaphorique du régime policier et totalitaire.

CHAPITRE X

Citoyens du monde et éducation

IKEDA • Éducateur de réputation mondiale, vous avez été professeur d'université en Espagne et en Colombie. Vous avez occupé des positions clés en relation avec la planification, le financement, l'administration et la réforme de l'éducation à l'Organisation des États américains, à l'Unesco et à la Banque mondiale. En outre, vous avez conseillé plusieurs gouvernements sur les politiques de l'éducation et vous avez été responsable d'une réforme majeure de l'éducation en Espagne. En raison de votre expérience dans ce domaine, je voudrais, dans ce chapitre de notre dialogue, me concentrer sur l'éducation.

DÍEZ-HOCHLEITNER • Moi aussi j'aimerais faire de l'éducation le thème principal de cette partie de notre discussion, parce que je sais que c'est un sujet qui vous tient à cœur.

IKEDA • Nous avons eu, tous les deux, de fréquentes occasions de discuter de l'éducation. Dans un dialogue, en 1992, nous parlions de la nécessité d'une révolution humaine individuelle comme élément indispensable d'une révolution globale, ce qui me rappelle ce qu'Aurelio Peccei avait, une fois, souligné. Il disait que la solution à nos problèmes complexes exige que les gens modifient leurs principes d'action égoïstes, et, à cette fin, il parlait de nouvel humanisme et de révolution

humaine. Il disait que, si la croissance était limitée, il n'y a pas, par contre, de limites à l'étude ; les ressources naturelles externes sont en quantité restreinte, mais les richesses humaines sont infinies. Il croyait que nous devions développer la sagesse pour faire un bon usage de notre savoir.
Vous partagez ces idées et vous avez dit que nous devrions comprendre d'où nous venons et dans quelle direction nous nous dirigeons. Vous croyez que la pathologie de l'humanité est la cause de la maladie de la Terre. Comme ces réflexions l'illustrent clairement, les révolutions humaines individuelles sont la réponse, et l'éducation est un élément indispensable de ce processus.

DÍEZ-HOCHLEITNER • Quand j'ai reçu un doctorat *honoris causa* de l'université Soka, à Tokyo en 1994, j'ai eu le privilège d'observer une partie de votre œuvre éducative dans le monde. L'université Soka d'Amérique (Soka University of America – SUA) semble représenter l'apogée de cet effort.

IKEDA • Merci de vos paroles aimables. Pendant l'été 2004, l'université Soka d'Amérique a accueilli sa première promotion d'étudiants de dernière année ; nous avons maintenant des étudiants dans les quatre années de premier cycle.
L'Amérique fait grand cas de l'éducation : à l'occasion de l'ouverture de l'université, l'événement fut couvert par plus de quarante journaux à travers les États-Unis. Le *New York Times* publia un article particulier sur l'université Soka d'Amérique, en utilisant des phrases comme « elle se dresse vers le ciel au-dessus du Pacifique », « une merveille architecturale et éducative », et « l'université Soka d'Amérique détient un rêve magnifique ».
L'université Soka d'Amérique a tenu sa première cérémonie de remise des diplômes en mai 2005. Plus de trente pour cent des titulaires de la licence ont été admis dans les écoles doctorales, ou troisième cycle, d'autres universités. Ce pourcentage est au niveau de celui d'institutions aussi célèbres que l'université de Yale ou l'université de Californie à Berkeley.

DÍEZ-HOCHLEITNER • C'est une réussite étonnante pour une université qui n'a ouvert ses portes que récemment.

IKEDA • Les écoles doctorales des universités américaines hésitent à admettre des étudiants venant d'institutions qui n'ont pas une réputation reconnue. Cependant, nos étudiants sont aisément admis parce qu'ils possèdent un niveau scolaire élevé, une ouverture d'esprit et de la passion à apporter leur contribution à la société.
S'exprimant à la cérémonie de remise des diplômes, Jack W. Peltason, une personnalité en vue du monde de l'éducation aux États-Unis, et ancien président de l'université de Californie, déclarait que, même après ses longues années d'expérience dans l'enseignement supérieur, il avait trouvé très impressionnante la grande qualité de l'éducation dispensée à l'université Soka d'Amérique. Il ajoutait que cette première promotion de diplômés témoignait de la passion du corps enseignant et de l'ardeur des étudiants à apporter leurs contributions à l'humanité.
Nous apprécions énormément ce genre d'appui, dont nous bénéficions aussi de votre part, ainsi que de nombreuses personnes à travers le monde.

DÍEZ-HOCHLEITNER • Je pense que la capacité de fonder une université, dans un endroit aussi prestigieux que la Californie, montre que votre organisation s'est attiré respect et éloges et jouit de relations amicales avec la société.
Comment expliquez-vous le grand intérêt accordé à l'université Soka d'Amérique ?

IKEDA • En 2005, l'effectif étudiant se composait de personnes venues de plus de trente pays représentant de nombreuses nationalités, appartenances ethniques, langues et religions différentes, qui sont toutes traitées sur un pied complet d'égalité. L'institution suscite un grand intérêt parce qu'elle forme des citoyens du monde et, par-dessus tout, parce que son éducation est humaniste et centrée sur l'étudiant.

De façon symbolique, les logements étudiants donnent sur les meilleures vues. Enseignants et étudiants partagent la même salle à manger. Le bureau du président a la même taille que celui des autres enseignants. Dans des conditions aussi heureuses, où ils respirent l'air des droits de l'homme, les étudiants deviennent des citoyens du monde.
Le Dr Thomas Lindsay, alors *provost* (vice-président chargé des études et de la vie universitaire) à l'université de Dallas (Dallas University), qui sympathisait profondément avec notre méthode d'éducation centrée sur l'étudiant et le strict respect de la paix, des droits de l'homme et de la vie, déclarait : « L'université espère contribuer à transmettre aux étudiants les voies et les moyens d'une perspective humaniste globale sur le monde. Comme étudiant élevé en Occident, j'ai été impressionné de trouver à SUA un croisement entre les objectifs de l'éducation Soka (la création de valeurs) et la tradition occidentale des arts libéraux.[1] »

DÍEZ-HOCHLEITNER • En général, les responsables universitaires de haut rang ont très peu d'occasions de dialoguer avec les enseignants, sans parler des étudiants. En rapprochant les étudiants et le corps enseignant, au nom d'une tradition nouvelle centrée sur l'étudiant, l'université Soka d'Amérique est susceptible de prendre la tête d'une véritable révolution universitaire.

IKEDA • Je crois que, vous aussi, vous avez fondé des instituts d'études de haut niveau.

DÍEZ-HOCHLEITNER • Oui, mais toujours dans le cadre d'un système éducatif public visant à l'égalité des chances, à l'éducation permanente et à l'excellence pédagogique.

---

1. « Arts libéraux » : terme d'origine médiévale qui désigne les disciplines intellectuelles (littéraires et scientifiques), par opposition aux disciplines qui transforment la matière et aux beaux-arts. (NDT)

D'abord, en Colombie (1955-1957), où c'était une partie de mon projet de plan de cinq ans de réforme de l'éducation, j'ai lancé un certain nombre de nouvelles universités, parmi lesquelles l'université technique de Pereira (Universidad Tecnológica de Pereira), à laquelle mon nom est attaché.
En 1968, grâce à une initiative de celui qui était alors prince héritier, je suis revenu en Espagne pour mener une réforme globale majeure de l'éducation sur la base de la Loi générale d'éducation (*Ley General de Educación*) de 1970. À cette époque, comme les révoltes étudiantes aux États-Unis et en France inspiraient aux Espagnols des idées de changement, le régime de Franco était inexorablement condamné. Je fus nommé sous-secrétaire d'État auprès du ministre de l'Éducation et de la Science.
Je suis extrêmement heureux d'avoir pu servir mon pays natal en introduisant des réformes radicales et absolument nécessaires dans l'éducation espagnole, dans les jours précédant la transition vers la démocratie.
La fondation de cinq universités pilotes autonomes (dont deux polytechniques) à Bilbao, Madrid, Barcelone et Valence, représentait une partie de mon travail. Mon nom est également attaché à l'École supérieure d'agriculture, créée en même temps sur le campus de Palencia. Nos ressources essentielles, cependant, furent consacrées aux établissements d'enseignement secondaire, aux écoles élémentaires et aux instituts de formation des maîtres.

IKEDA • Je comprends parfaitement la joie que l'on éprouve quand on surmonte, grâce à ses propres efforts, les difficultés qu'il y a à fonder une université. Nombre de personnes s'opposèrent à ma décision de fonder le système éducatif Soka – ce qui est la base d'une éducation « créatrice de valeurs » – à une époque où la situation financière de la Soka Gakkai était très difficile. Mais je soulignai que les deux piliers du développement du caractère étaient l'éducation et la religion, et que la religion sans éducation n'est qu'une manifestation d'autosatisfaction. Mon maître, Josei Toda, voulait ardemment que la philosophie de M. Makiguchi s'épanouisse dans le monde entier, et j'ai voulu satisfaire son vœu.

DÍEZ-HOCHLEITNER • Le monde était en crise, quand fut fondée l'université Soka, d'Amérique.

IKEDA • Oui. Les premières inscriptions en première année eurent lieu en août 2001, peu de temps avant les terribles attaques terroristes du 11 septembre. Les étudiants furent très profondément affectés par les événements, d'autant plus qu'ils désiraient ardemment faire du nouveau siècle une ère de paix. Le soir du jour des attaques, les étudiants invitèrent les citoyens de la localité à venir se joindre à eux sur le campus, pour une cérémonie à la mémoire des victimes.
Le jour suivant, un garçon, élève d'un lycée dans le même endroit, adressa un e-mail à l'université Soka d'Amérique, disant que, bien que son cœur fût d'abord rempli de haine, assister à la cérémonie et écouter ce que les gens avaient à dire l'avaient rassuré et lui avaient fait comprendre l'importance de la paix.
Cela montre combien il est vital de recourir au dialogue pour faire partager aux gens le désir de paix. Pour réussir, la question déterminante est l'importance que nous pouvons accorder au développement de la solidarité pacifiste. Maintenant qu'ils ont surmonté le choc de cette journée, nos étudiants sont encore plus passionnément engagés dans le combat pour la paix.

DÍEZ-HOCHLEITNER • Les épreuves rendent les gens plus forts. Nous attendons tous avec espoir les contributions importantes que l'université Soka d'Amérique et l'Institut Toda pour la paix mondiale et une politique prospective, à Hawaii, apporteront en faveur de la paix mondiale.
À ce stade, j'aimerais en savoir plus sur les origines de votre philosophie de l'éducation Soka (la création de valeurs).

IKEDA • Trop de gens, aujourd'hui, ont déformé les objectifs de l'éducation, et cela entraîne beaucoup de problèmes. Aujourd'hui, l'éducation s'efforce généralement de contraindre les étudiants à entrer dans un moule profitable à la société industrielle, alors que, par sa véritable nature, elle devrait permettre à chaque étudiant de réaliser son potentiel dans toute sa diversité.

Sur la base de valeurs sociales particulières, l'éducation contemporaine est étroitement restreinte et happée par une standardisation facile. Les gens ou les projets qui ne correspondent pas aux modèles standards sont souvent mis de côté et abandonnés avec des effets dévastateurs sur les enseignants et les étudiants. Pour essayer d'échapper à ces contraintes, la méthode d'éducation de création de valeurs soutient que la société doit servir les besoins de l'éducation, et non l'inverse.

La philosophie de Tsunesaburo Makiguchi est le point de départ de notre approche éducative. À un moment où l'endoctrinement militariste faisait rage dans le pays, M. Makiguchi déclarait courageusement que le but de l'éducation était de rendre les enfants heureux. Pour la méthode d'éducation de la création de valeurs, la première considération est le bonheur des enfants que nous avons en face de nous. Si nous nous concentrons pour atteindre ces objectifs, la nature de l'éducation changera radicalement. La responsabilité incombe, non seulement aux éducateurs, mais aussi aux familles, aux communautés et à la société entière, y compris dans ses aspects politiques et économiques.

DÍEZ-HOCHLEITNER • Je vois. C'est un point très important. De mon point de vue, l'éducation et l'étude ne sont rien de plus que de l'information, à moins que les éducateurs (parents, enseignants et, je l'espère, la société dans son ensemble) mettent en avant des exemples qui transmettent des valeurs éthiques et morales aux étudiants et leur enseignent la cohérence entre les valeurs proclamées et la conduite quotidienne. C'est ce que j'appelle la « pédagogie par l'exemple ».

IKEDA • Vous avez participé à nombre d'activités éducatives internationales. Par exemple, dès l'âge de vingt-huit ans, vous avez été directeur de la Planification de l'éducation et, en même temps, coordinateur général au ministère de l'Éducation de Colombie.

DÍEZ-HOCHLEITNER • Oui, après avoir étudié les sciences, la technologie et le management, j'ai consacré ma vie à l'éducation. J'ai d'abord travaillé dans le domaine de l'éducation technique et professionnelle, puis dans celui des politiques, du développement, de la qualité, du financement et de l'administration de l'éducation. Dans toutes ces tâches, je me suis battu pour apporter les meilleures contributions possibles à l'éducation.

À l'âge de vingt-quatre ans, je suis parti comme enseignant d'université en Colombie, où je fus nommé plus tard directeur de la Planification de l'éducation. Avec l'assistance financière de la Banque mondiale et, plus tard, avec l'aide de l'Alliance pour le progrès, lancée par le président J. F. Kennedy, nous avons réussi à conduire d'importants projets et des réformes dans le secteur éducatif, en Colombie et dans plusieurs autres pays d'Amérique latine.

Je rentrai en Espagne comme inspecteur général de l'enseignement technique, mais, huit mois plus tard, des forces vigoureusement opposées à la réforme nous menacèrent. Comprenant que nous étions en danger physique réel, le ministre colombien de l'Éducation me nomma à un poste du niveau de vice-ministre en charge de la préparation d'un plan d'éducation de cinq ans, et je revins ainsi en Colombie.

IKEDA • L'opposition virulente aux gens qui entreprennent beaucoup d'actions de bien fait partie des réalités de la société humaine. Face à une telle opposition, vous vous en êtes tenu à vos convictions et vous avez frayé le chemin à une éducation universelle. Alors que vous étiez jeune, vous êtes devenu directeur de la Planification de l'éducation, et coordonnateur général du ministère de l'Éducation de Colombie. C'étaient là de grandes responsabilités pour quelqu'un d'aussi jeune. Quel genre de difficultés ont-elles provoqué ?

DÍEZ-HOCHLEITNER • Quand j'étais jeune, je considérais la souffrance comme une part normale de la vie. Si j'avais été beaucoup plus âgé, j'en serais probablement arrivé à entretenir quelques doutes, mais la grande capacité à résister aux épreuves est inhérente à la jeunesse. C'est l'effet de l'espoir, ou du courage, qui résulte parfois de l'innocence juvénile. J'ai surtout souffert de ce que des membres de ma famille et des amis chers ont enduré : des pressions abusives et des menaces venues d'activistes, issus des deux extrémités du spectre politique, ainsi que de terroristes (comme l'ETA, le mouvement séparatiste basque) m'ont fait personnellement souffrir.

IKEDA • Je comprends. À la suite de vos grands succès dans la réforme colombienne, vous avez été intégré à l'équipe de planification éducative mondiale de l'Unesco.

DÍEZ-HOCHLEITNER • Oui. Comme j'avais été chargé de préparer la documentation substantielle nécessaire pour organiser une conférence panaméricaine à Washington sur la planification de l'éducation, en prenant comme base le plan pilote d'éducation colombien de cinq ans, j'ai, en 1958, à la demande du directeur général de l'époque, présenté le programme de planification de l'éducation à l'Unesco. La Conférence générale de l'Unesco le choisit comme l'activité de la plus haute priorité de son secteur éducatif en 1959.

J'ai effectué des missions d'assistance technique dans plusieurs pays, aidé à monter des centres régionaux de formation à la planification de l'éducation, et j'ai été chargé d'organiser des conférences régionales entre ministres de l'Éducation et ministres de l'Économie pour introduire des plans et des réformes de l'éducation dans leurs pays respectifs.

Pendant l'une de ces conférences régionales sur l'Asie, j'ai appris quelque chose d'intéressant sur les différences culturelles. C'était, en fait, ma première visite à un pays asiatique ; en m'adressant à la session inaugurale des ministres asiatiques à Karachi, en décembre 1959, je remarquai que plusieurs personnes dans le public, secouaient leur tête de gauche à droite. Bien qu'ils aient accueilli mon discours par une salve d'applaudissements, je pensais avec regret qu'ils n'étaient pas d'accord avec mon message. Je chuchotais mon souci à un collègue indien, le vice-directeur général de l'Unesco Malcolm Adiseshiah, assis à côté de moi. En riant, il m'expliqua que je m'étais trompé : le mouvement de la tête ne signalait pas un désaccord, mais c'était plus exactement un signe d'approbation. Quand il parla au public de mon erreur, les participants manifestèrent leur sympathie par de sonores salves d'applaudissements supplémentaires. J'en conçus une vive admiration pour eux et je me suis souvent référé à cet incident, ensuite, quand je m'adressais à d'autres publics asiatiques.

IKEDA • Cela montre seulement combien les coutumes et les cultures diffèrent. Vous-même, vous avez eu de grands succès et vous avez apporté d'importantes contributions en aidant des gens à devenir des citoyens du monde.

DÍEZ-HOCHLEITNER • Vous êtes trop généreux. Vous aussi, à travers des actions comme vos propositions, vous avez toujours prôné une éducation d'un point de vue global.

IKEDA • Dans mes propositions de 2004, je soulignais que l'éducation était un domaine qui exigeait le maximum d'efforts dans l'intérêt de la paix. L'éducation est la clef du bonheur ; c'est la base sur laquelle la paix peut fleurir. C'est l'assise qui nous permet de mener à bien notre capacité d'agir pour notre propre bonheur et pour celui d'autrui. Dans le monde actuel, on estime à 860 millions le nombre d'adultes illettrés ; l'école est inaccessible à 120 millions d'enfants. Des mesures pour corriger cette situation sont requises de façon urgente, car il est impossible d'atteindre les objectifs

de développement du monde sans faire de progrès dans le domaine de l'éducation.
Cependant, de nombreux pays n'ont pas les fonds nécessaires pour subvenir même à l'éducation élémentaire. La coopération internationale est nécessaire pour briser les obstacles sur leur chemin ; les Nations unies visent à rendre l'éducation élémentaire accessible aussi largement que possible. Pour soutenir leurs efforts, je recommande d'étendre le système de coopération monétaire internationale sous la forme d'un fonds mondial de l'éducation élémentaire.

DÍEZ-HOCHLEITNER • À mon avis, investir dans un fonds pour répandre ne serait-ce que l'éducation élémentaire, dans les pays en voie de développement, est plus précieux que d'investir dans la croissance économique, et cela aura certainement des résultats plus durables. J'ai toujours agi avec une telle conviction.
Vous soulignez que l'éducation, au lieu d'être limitée à certains groupes, doit être universelle. De la même manière, j'ai toujours encouragé une éducation de qualité supérieure, l'égalité des chances et l'éducation permanente qui engendrent une croissance économique durable et la production de valeurs culturelles. L'éducation devrait être accessible absolument à tout le monde, car elle contribue à la bonne santé et à un plus haut niveau de vie, grâce à des personnes qui deviennent plus productives et plus responsables.
Réaliser cela est l'objectif que nous soutenons de différentes manières : par exemple, nous apportons de l'information et suscitons un puissant sentiment de solidarité, en installant des centres d'information dans des milliers de villages ruraux et en les reliant au monde par les moyens de la radio et d'Internet. Pour sa mondialisation à venir, l'éducation doit couvrir tous les domaines de spécialités et tous les aspects de la culture scientifique et de la science de la culture. La pleine puissance de l'éducation est démontrée quand elle approche tous les sujets de façon simultanée et holistique.
Quelles sont vos idées sur l'éducation des gens afin d'en

faire des citoyens du monde, et que cela serve de fondement à un monde sans guerre ?

IKEDA • Si l'on se contente de rendre l'enseignement plus largement accessible, cela ne va pas suffire à créer le terrain approprié pour la coexistence pacifique ; on doit aussi prendre en considération la qualité de l'éducation. Une éducation qui pousse aux affrontements entre les nations ou encourage à la discrimination entre groupes ethniques ne peut qu'aggraver la défiance et la haine.
Comme le disait le journaliste américain Norman Cousins, « une attitude négligente à l'égard des blessures et des peines humaines est le signe le plus sûr de la faillite de l'éducation »[2].

DÍEZ-HOCHLEITNER • Tout à fait. L'augmentation spectaculaire de l'information, et même de la connaissance, n'apporte pas nécessairement de la sagesse. En Espagne, aujourd'hui, où la qualité de l'éducation est un sujet de grande préoccupation, les gens étudient plus de matières, et des effectifs plus importants de jeunes gens reçoivent une éducation à un niveau plus élevé que jamais auparavant. Il y a, cependant, une crise associée à cette connaissance. Une société qui a absorbé de vastes quantités de connaissances aussi rapidement qu'il est possible est une conséquence de notre immense succès. Des quantités énormes d'information, qui nous suffoquent et ne peuvent être assimilées, nous coupent pratiquement la respiration.
Pour se changer en connaissance, l'information doit être assimilée ; nous résolvons le problème par des procédures d'acquisition, de classification et de tri. Mais de vastes quantités de connaissances et l'entretien de cette connaissance ne conduisent pas nécessairement à la sagesse ; en fait, un savoir accru sans compréhension pour l'accompagner peut

---

2. Norman Cousins, *Human Options,* New York, W.W. Norton Company, 1981, p. 30.

conduire à des horreurs comme l'Allemagne nazie. Tout en sachant comment utiliser leur savoir pour le meurtre de masse, les Nazis n'avaient aucune idée de la manière d'utiliser la sagesse pour le bien d'une coexistence harmonieuse. Ils mirent la connaissance et l'éducation au service de la création d'une culture obligatoire de la domination.

IKEDA • La connaissance peut être une épée à double tranchant. Nombre de Japonais instruits glorifièrent la Seconde Guerre mondiale.

Une éducation vraiment bonne nous enseigne comment utiliser la connaissance, afin de produire de la sagesse et comment développer le potentiel humain inné. Dans les années à venir, l'éducation devra encourager les gens à être conscients de leur citoyenneté mondiale.

DÍEZ-HOCHLEITNER • Il est impossible de discuter de réforme de l'éducation sans prendre en considération les réformes de proximité. Comme José Ortega y Gasset le disait, nous devons commencer par les fondamentaux.

Un bon citoyen du monde doit commencer par être un bon membre de sa famille, un bon collègue de travail et un bon membre de sa collectivité locale. Commencer par les fondamentaux de cette sorte a un grand impact sur une réforme en profondeur ; cela correspond à votre idée selon laquelle un seul individu peut changer l'environnement, la région, la nation et même le monde entier. C'est à partir d'un tel point de vue que vous et moi discutons de l'avenir de l'éducation mondialisée. Comme je l'ai dit plus haut, l'éducation mondialisée doit inclure tous les domaines de spécialités dans tous leurs aspects, c'est-à-dire la culture scientifique et les sciences de la culture. L'éducation montre son importance essentielle lorsqu'elle traite de tous les phénomènes, tout en restant toujours consciente de la vision d'ensemble.

IKEDA • Son rôle fondamental est de réaliser la révolution dans un seul individu. L'éducation aux droits de l'homme et à l'environnement est indispensable pour former des citoyens du monde aptes à bâtir une société de coexistence pacifique. Il y a quelque temps, j'ai adressé un message aux Nations unies recommandant la proclamation d'une « Décennie de l'éducation aux droits de l'homme pour la paix » afin de faire suite à leur « Décennie de l'éducation aux droits de l'homme » (1995-2004). Un tel projet devrait prendre en considération les questions auxquelles l'humanité est confrontée, comme la paix et la pauvreté, en concentrant son attention sur les enfants, eux qui doivent porter la charge des générations précédentes. Le projet devrait aussi s'intéresser à l'éducation aux droits de l'homme pour la création, à l'échelle de la planète, d'une société planétaire de paix et de symbiose entre les humains et l'environnement. Dans ce contexte, la SGI coopère avec d'autres ONG et des gouvernements nationaux. Comme la préoccupation pour les droits de l'homme va croissant, les Nations unies ont, en janvier 2005, lancé leur « Programme mondial en faveur de l'éducation aux droits de l'homme » ; celui-ci encourage les efforts pour former des citoyens du monde, un engagement que nous devons appuyer.

DÍEZ-HOCHLEITNER • L'éducation doit faire plus qu'évoquer les pouvoirs créatifs des êtres humains, qui permettent aux individus et aux groupes de découvrir, avec une compréhension plus approfondie, les mystères de la nature ; elle doit aussi enseigner l'amour. Si je connais une personne, je peux l'aimer ; de même, une personne qui détient du savoir devrait aimer ce savoir. La connaissance et la technologie scientifique devraient être utilisées, non pour la guerre, la destruction et la pollution, mais pour la paix et le développement social et humain durable. Je crois que l'éducation à l'environnement peut révolutionner l'attitude des individus envers la nature et assurer une relation harmonieuse entre l'homme et la nature.

IKEDA • Je suis entièrement d'accord. Les adultes qui enseignent les droits de l'homme et l'éducation environnemen-

tale doivent vivre d'une manière qui démontre leur souci réel des droits de l'homme et de l'environnement.
Dans un dialogue que, lui et moi, nous menions ensemble, le Dr Swaminathan, président des conférences de Pugwash et défenseur de la Révolution verte, disait que l'éducation environnementale doit fournir l'instruction nécessaire pour adopter des modes de vie durables qui économisent les ressources naturelles. Cependant, quand on enseigne l'importance de l'environnement dans les salles de classe, pendant que la télévision pousse à une plus grande consommation de biens ou que les gouvernements versent des sommes énormes aux budgets militaires, cela va à l'encontre d'un mode de vie durable. En voyant les adultes se conduire avec une telle duplicité, les enfants en viennent à considérer les problèmes environnementaux comme une simple matière scolaire qui peut tomber aux examens.
En outre, le Dr Swaminathan croit que l'enseignement de la non-violence est l'aspect le plus important de l'éducation environnementale.

DÍEZ-HOCHLEITNER • L'éducation peut résoudre un certain nombre des graves problèmes auxquels nous aurons à faire face, dans l'avenir. Pour donner à son pouvoir son plein usage, nous devons nous poser à nous-mêmes les questions suivantes. Respectons-nous la vie et la nature et en prenons-nous soin ? Sommes-nous respectueux et tolérants envers autrui ? Manifestons-nous notre solidarité avec les pauvres du monde entier ? Sommes-nous contaminés par un consumérisme qui nous aurait gagnés sans que nous nous en rendions compte ?

IKEDA • Ce sont là des points importants. Aujourd'hui, la non-violence ne se limite pas au fait d'éviter une conduite physiquement violente. Derrière la discrimination, l'oppression, la pauvreté et les violations des droits de l'homme qui causent nombre de nos problèmes, la violence institutionnalisée s'étend partout, de la maison à la société internationale. En relation avec la nature, elle prend la forme de la pollution ; dans le domaine humain, elle provoque des violations des droits de l'homme. La véritable non-violence n'est possible que si nous surmontons la violence structurelle. Faire des gens des citoyens du monde, cela dépend de l'éducation dans les domaines de la paix, des droits de l'homme et des questions de l'environnement. Ces trois piliers n'en font qu'un, en réalité.

DÍEZ-HOCHLEITNER • Les valeurs éthiques et morales constituent une priorité. Cependant, de quelle manière pouvons-nous enseigner de nouveaux modes de vie qui viennent à bout de la violence structurelle ?

IKEDA • Le respect de la vie humaine doit être à la base de toute éducation. La dignité et la singularité de la vie sont inhérentes à la personnalité des êtres pris individuellement et à tout le genre humain. L'humanité dépend du monde naturel ; quand nous respectons l'humanité, nous devons révérer la nature et nous mettre à son école. Reconnaître la dignité de l'individu doit aboutir à une reconnaissance et à un respect mutuels : reconnaître la dignité absolue et fondamentale de la vie humaine conduit à l'épanouissement de valeurs multiples, en encourageant partout les gens à apprendre chacun l'un de l'autre sur un pied d'égalité.
Auparavant, l'humanité – en particulier dans les nations industrialisées – a tendu à donner l'avantage aux valeurs économiques et technologiques. Toutefois, pour nous tous, la chose essentielle, maintenant, c'est de considérer la dignité de la vie humaine comme la valeur la plus fondamentale de toutes. Sur cette base, nous devons permettre à différentes valeurs culturelles et sociales d'exister côte à côte et utiliser le dialogue comme un moyen de les coordonner toutes ensemble.

CHAPITRE XI

Renaissance de la religion et de la spiritualité

IKEDA • Jusqu'à maintenant, nous avons discuté de nombreux problèmes auxquels l'humanité est actuellement confrontée et des moyens de les résoudre. Maintenant, je voudrais conclure la discussion par des réflexions sur les perspectives à venir de la planète et sur le rôle extrêmement important que la culture spirituelle peut y jouer.

DÍEZ-HOCHLEITNER • Je ne saurais vous approuver davantage. Comme vous le savez, j'ai été élevé dans une famille catholique ; je suis loin de vouloir me poser en exemple, mais j'ai essayé d'être fidèle à ma foi et de me comporter en accord avec elle. Mais, pour moi, il a toujours été très important, non seulement d'être tolérant à l'égard des autres croyances et cultures, mais aussi, et encore plus important, de respecter quiconque agit de façon honnête, en accord avec son milieu d'origine et ses buts. J'essaie, en outre, d'apprendre des autres pour enrichir mon esprit et mon intelligence, tout en contribuant, d'une façon ou d'une autre, à leur bien-être, à leur développement et à leur bonheur. Dans une telle perspective, comme je vous respecte et vous admire, j'aimerais vous questionner sur la position bouddhique dans ce domaine. Sur ce sujet, je suis assurément celui qui a le plus à écouter et à apprendre.

IKEDA • Vous avez la modestie d'une personne sage qui agit avec conviction.

Il y a certains termes qui sont fréquemment revenus dans notre dialogue : le premier est « humanité », et le second « éducation » – meilleur moyen de perfectionner notre humanité ; le troisième est « culture » – laquelle apporte un soutien et une orientation à l'éducation.

Comme vous le savez, le mot culture dérive du verbe latin *colere*, « labourer », ou « cultiver ». Nous cultivons l'être humain en labourant les domaines de l'intellect, des émotions et de la pensée. À une échelle plus grande, nous améliorons la culture en « cultivant » la société. L'idée de culture nous donne envie de rechercher et de manifester les valeurs intérieures psychologiques et spirituelles

DÍEZ-HOCHLEITNER • Je suis d'accord. Quand on enlève de la culture humaine la couche des valeurs superficielles, et que l'on examine les valeurs les plus essentielles, nous découvrons des principes communs.

IKEDA • Le mot « civilisation » implique le sens d'« urbanisation » – à savoir un processus de construction de villes organisées avec le soutien du pouvoir de civilisation. Quand on parle de civilisations, les facteurs externes et matériels prennent une grande importance ; les êtres humains ont créé, dans différentes régions du monde, de multiples civilisations, dont ils ont profité ; mais, derrière la façade de leur prospérité, il y avait un poison douloureux.

La grandeur et la décadence des civilisations ont fait l'objet de discussions chez de nombreux historiens, parmi lesquels Arnold J. Toynbee, avec qui j'ai publié un dialogue. Ces spécialistes ont proposé différentes théories savantes, mais je crois que la culture intérieure de l'homme et la civilisation qui favorise le développement dans l'environnement social dont nos vies concrètes dépendent, sont mutuellement interdépendantes.

DÍEZ-HOCHLEITNER • La culture est extrêmement importante, parce qu'elle rend la civilisation possible.

IKEDA • Tout en communiquant entre elles jusqu'à un certain degré, les civilisations du passé avaient préservé leur indépendance. À l'âge de la mondialisation, cependant, la civilisation s'étend à la planète entière et à toute l'humanité, et les progrès dans les transports et les réseaux de communications fournissent l'impulsion majeure. De façon caractéristique, la civilisation moderne technico-scientifique occidentale a eu un énorme impact sur la mondialisation : l'omniprésence de certains produits commerciaux et la dispersion des lieux de production partout dans le monde rendent ce phénomène immédiatement visible. Dans ses dimensions matérielles et économiques, la civilisation moderne occidentale a même fait des incursions dans les anciennes et vénérables cultures chinoise, indienne et islamique. Elle a pénétré le cœur même de la culture spirituelle, transformant les modes de vie et modifiant les valeurs et les conceptions de la nature. Ces développements font craindre la destruction des environnements sociaux et des fondations sur lesquels reposent des traditions et des cultures uniques. Par exemple, des centaines de langues qui servent de support à la culture, en la transmettant à la postérité, sont confrontées au risque d'extinction.

DÍEZ-HOCHLEITNER • La civilisation donne, aujourd'hui, l'impression d'être quelque chose d'imposé ; les médias de la communication de masse ont fait de l'américanisation le modèle dominant en matière de mode de vie.

IKEDA • C'est la raison pour laquelle de plus en plus de gens font appel à un réexamen, à la restauration, au respect et à la protection des cultures locales particulières.

DÍEZ-HOCHLEITNER • La chose importante, c'est de reconnaître les différentes cultures comme des civilisations, de les apprécier et d'apprendre auprès d'elles. Nous devons vaincre la discrimination et la désinformation, qui considèrent certaines cultures comme non civilisées. Nous ne devons jamais tenter d'assujettir d'autres cultures.

IKEDA • Je suis du même avis. Se respecter mutuellement et apprendre chacun l'un de l'autre, ce sont là les qualités essentielles pour qui est vraiment civilisé. Néanmoins, il y a des gens qui, tout en étant passionnés par le respect et la protection des traditions et des cultures, réagissent de façon émotionnelle et destructrice contre la mondialisation ; dans certains cas, ce type de réaction déclenche des mouvements destructeurs et fondamentalistes.

DÍEZ-HOCHLEITNER • La crise des systèmes de valeurs, notamment sous la forme du relativisme moral, est une question à laquelle le club de Rome donne actuellement la priorité. Nous ne pouvons plus nous permettre d'être des gens qui faisons du bien, des philanthropes, des champions de la justice et, en même temps, des illusionnistes qui disons une chose et en faisons une autre. Nos paroles et nos actes doivent être en accord et ils doivent inciter les gens à contribuer au bien-être d'autrui. Nous devons commencer par nous examiner et nous discipliner nous-mêmes, avant d'étendre nos efforts à l'extérieur.

IKEDA • L'autosatisfaction ne fait qu'engendrer de nouveaux désaccords ; ce qui compte, ce sont les valeurs universelles de tolérance. Permettre à la mondialisation de tomber au rang d'une simple standardisation revient à détruire la riche diversité culturelle que l'humanité a créée à travers les âges.

DÍEZ-HOCHLEITNER • Bien qu'elle puisse avoir des vertus d'efficacité, l'homogénéisation comporte de sérieux défauts, en termes de gestion de crise.

IKEDA • Emportés par la marée du temps présent, les individus ont du mal à s'orienter eux-mêmes. C'est là une autre grande crise contemporaine. À mon avis, dans les années à venir, la satisfaction des valeurs spirituelles ou existentielles doit devenir l'axe moral de la civilisation mondiale ; cette question sera plus importante que jamais auparavant. Même dans le domaine de l'économie, nous devons nous occuper de la pauvreté aussi bien spirituelle que matérielle. Comme indice de l'urgence croissante qu'il y a à mettre de l'ordre en nous-mêmes – notre cosmos intérieur – l'Organisation mondiale de la santé souligne maintenant l'importance de développer et de maintenir une bonne santé spirituelle.

DÍEZ-HOCHLEITNER • Nous ne pouvons pas obtenir la paix mondiale si nous n'avons pas la paix intérieure. Mais le problème est difficile, parce que le cosmos intérieur, en d'autres termes, l'âme de chaque individu est un monde en lui-même qui réclame une renaissance religieuse et spirituelle.

IKEDA • Depuis un temps immémorial, la religion a été la source à partir de laquelle on pouvait fondamentalement satisfaire les valeurs spirituelles. Mais les religions à l'ancienne ne répondent plus complètement aux besoins humains ; quelque chose de nouveau est nécessaire. La soif humaine de religieux crée le besoin de renaissance religieuse et spirituelle dont vous avez fait mention. La culture spirituelle de l'avenir doit être plus qu'un simple remaniement des héritages du passé. Je crois que l'humanité est parvenue à l'étape d'un nouveau bond spirituel en avant.

DÍEZ-HOCHLEITNER • L'âme, ou le cosmos intérieur, aspire à la manifestation intérieure de la philosophie et des systèmes de valeur, ces choses les plus nobles dont les êtres humains soient capables.

IKEDA • Le philosophe allemand Karl Jaspers (1883-1969) était profondément conscient de la nécessité d'un réveil culturel-spirituel. Durant ce qu'il définissait comme l'âge axial (entre 800 et 200 avant notre ère), le monde a vu l'émergence de penseurs qui ont donné un cadre à la culture humaine : Lao Zi[1], Confucius, Mozi[2], Zhuangzi[3] et Liezi[4] en Chine ; Shakyamuni et les Six Maîtres non-bouddhistes[5] en Inde ; les prophètes hébreux, depuis Elie[6] jusqu'au Deutéro-Isaïe[7] ; et les philosophes grecs comme Socrate et Platon. Jaspers a aussi posé le principe d'un second âge axial à l'avant-garde de l'âge moderne technico-scientifique. Je suis particulièrement intéressé par cette possibilité.

---

1. Lao-Zi (ou Lao-tseu), philosophie chinois à l'origine du taoïsme. Il aurait vécu au VIe siècle avant notre ère.
2. Mo Zi, penseur chinois, vécut de 479 à 392 avant J.-C. en Chine. Il se démarque à la fois des enseignements confucianiste et taoïste. Ses écrits et ses partisans mettent l'accent sur la défense de la paix sociale et développent un antimilitarisme qui est une réponse à la situation de la Chine à ce moment de son histoire. (NDT)
3. Zhuang Zi, penseur chinois du IVe siècle av. J.-C., à qui l'on attribue la paternité d'un texte essentiel du taoïsme. On le considère comme le second fondateur de cette doctrine.
4. Le *Liezi* est un texte taoïste attribué à Lie Yukou, qui aurait vécu vers 400 avant notre ère. La chronologie du livre reste en discussion.
5. Penseurs influents en Inde, à l'époque de Shakyamuni, qui rompirent ouvertement avec l'ancienne tradition védique et défièrent l'autorité brahmanique dans l'ordre social indien. La plupart remettaient en cause les principes religieux dominants
6. Prophète d'Israël du IXe siècle av. J.-C.
7. Le terme Deutéro-Isaïe, ou Second Isaïe, est devenu une expression courante des études bibliques. D'après la majeure partie des exégètes actuels, le Livre d'Isaïe, qui est un des livres de la Bible, serait le fruit de la compilation de deux recueils différents. D'après le contexte, ce « Second Isaïe » anonyme pourrait être daté vers la fin de l'exil du peuple hébreu à Babylone, soit entre 550 et 539 avant notre ère. Le recueil attribué au second Isaïe couvre les chapitres 40 à 55 (certains vont jusqu'au chapitre 66) du « Livre d'Isaïe ». La dominante de cette section est la promesse de retour au pays et de libération imminente. On voit également se développer le thème de l'universalité du salut. Les nations ne sont plus présentées comme les ennemis de Dieu, mais comme des peuples en attente de conversion. Le rôle d'Israël va être de témoigner à leur intention de l'existence du seul vrai Dieu. Pour les chrétiens, cette partie du Livre d'Isaïe annonce les enseignements du Nouveau Testament. (NDT)

DÍEZ-HOCHLEITNER • C'est un point très important qui mérite d'être discuté.

IKEDA • En 1949, Jaspers a formulé cette brillante idée, sur le plan intellectuel, que l'histoire humaine a pris « deux profondes inspirations », ou progressé à travers deux grandes explosions. La première a commencé avec ce qu'il appelle un Âge prométhéen de la maîtrise technique. Elle s'est propagée à travers l'apogée de la culture antique, qui a insufflé la vie dans l'âge axial et les siècles suivants[8].
Plus d'un demi-siècle après que Jaspers eut écrit cela, son idée d'un second âge axial s'impose de toute urgence. Un nouvel âge prométhéen a produit la technologie scientifique, y compris la puissance nucléaire, à laquelle l'humanité est confrontée au risque de catastrophes, comme la destruction immédiate de la Terre ou l'extermination à travers un lent empoisonnement.

DÍEZ-HOCHLEITNER • Comme vous le savez, Aristote a désigné la mélancolie (un état mental fait du sentiment extrême du caractère transitoire de l'existence, à partir duquel on peut construire un réveil culturel-spirituel) comme la base véritable de la philosophie. Dès lors, il n'est pas surprenant que Jaspers, qui était auparavant un psychiatre clinicien, se soit aussi focalisé sur la mélancolie.
La possibilité d'une second âge axial et d'un empire mondial, que Jaspers envisageait après la Seconde Guerre mondiale et les horreurs nazies, s'accorde avec les développements de l'histoire humaine dans la longue durée. Cependant, cela n'est vrai que si, face à la mauvaise gestion croissante de la technologie et des ressources environnementales, l'humanité réussit à survivre pendant ce millénaire. Le risque principal provient d'actions prolongées allant à l'encontre des valeurs éthiques communément acceptées, des droits

8. Karl Jaspers, *Vom Ursprung und Ziel der Geschichte*, Zurich, Artemis, 1949, p. 46.

de l'homme et des devoirs et des valeurs morales tirés des croyances religieuses.

IKEDA • Maintenant, je voudrais examiner la question de savoir si des fondements spirituels et philosophiques peuvent assurer une prospérité durable, dans l'avenir. Je crois que le respect de la dignité de la vie doit devenir une valeur universellement reconnue. L'inviolabilité de la vie est un principe éthique de base pour la plupart des religions. L'interdiction de tuer est un des Cinq Préceptes principaux du bouddhisme, aussi bien que l'un des Dix Commandements reçus par Moïse. Beaucoup d'autres religions interdisent aussi tout dommage mortel au corps humain, ainsi que la violence, ce qui comprend également la violence structurelle[9] qui aboutit à la mort spirituelle et existentielle. En général, les religions condamnent les actes qui empêchent la manifestation des possibilités illimitées de la vie.

DÍEZ-HOCHLEITNER • Le club de Rome s'est déclaré « anthropocentrique », mettant l'homme au centre de ses préoccupations, et en même temps, puisque notre survie dépend de la planète Terre, il s'est aussi déclaré pour l'harmonie avec la nature. Personnellement, je considère l'humanité – chaque être humain individuellement – comme la chose la plus sacrée sur la Terre. Parce qu'il ne m'appartient pas de juger qui que ce soit, je ne fais aucune exception pour des raisons particulières. En d'autres termes, peu importe si les gens sont croyants ou non, quelle philosophie ou mode de raisonnement ils pratiquent, et ainsi de suite. La sagesse fondée sur un héritage culturel mondial exige de nous de reconnaître la dignité humaine et la dignité de la vie, à la fois sur le plan individuel et sur le plan collectif.

---

9. « Violence structurelle » est un concept sociologique. Le terme désigne une forme de violence provoquée par les structures ou institutions d'une société, qui empêche les individus de se réaliser. (NDT)

IKEDA • La sagesse humaine, y compris celle des religions mondiales, nous pousse à développer la satisfaction et la prospérité individuelles autant que la prospérité collective et l'amélioration du sort de tous.

DÍEZ-HOCHLEITNER • D'une façon vraiment digne d'éloges, vous montrez l'importance qu'il y a à respecter le passé et à apprendre de lui. Vos efforts inlassables pour répondre aux questions vitales encouragent les gens et stimulent leur désir d'en apprendre davantage sur les principes bouddhiques sur lesquels vos pensées et vos actes sont fondés. Cela est vrai aussi pour moi : tout en restant loyal à la foi qui est celle de toute ma vie, je suis désireux de m'enrichir de votre sagesse et de faire preuve d'un respect universel pour les autres valeurs spirituelles et existentielles.

IKEDA • Merci de vos mots d'éloge généreux. Permettez-moi, je vous prie, d'exprimer mon respect pour votre désir sincère d'apprendre.

Les Écritures bouddhiques enseignent l'importance de la diversité, notamment dans la métaphore des arbres différents : bien qu'ils soient tous différents, le cerisier, le prunier, le pêcher et l'abricotier sont, chacun, merveilleusement beaux par eux-mêmes. De même, chaque chose vivante a une valeur individuelle qu'elle doit s'efforcer de manifester pleinement.

DÍEZ-HOCHLEITNER • Le cosmos humain intérieur est en bonne santé, quand l'amour le conduit à la recherche de choses utiles aux autres et à soi-même. Par ailleurs, la concentration autour de l'intérêt personnel conduit à la dégradation et à la perversion. Au lieu de l'ignorance et de l'égoïsme, la sagesse et la solidarité devraient être notre système de guidage.

IKEDA • Exactement. Le bouddhisme Mahayana enseigne que la manifestation des valeurs intérieures dépend d'actions altruistes. Selon les Écritures, la vie est très précieuse et devrait être respectée plus que n'importe quoi d'autre dans l'univers. Nichiren, que nous révérons, décrit un bouddha – une personne idéale – comme une personne dotée des trois vertus de souverain, maître et parent. Éveillée à la Loi bouddhique, une telle personne manifeste tout son potentiel en s'efforçant de protéger, améliorer et cultiver les valeurs sans limites de toutes les autres formes de vie. Tsunesaburo Makiguchi a cherché à réaliser ce qu'on appelle le « Grand Bien », c'est-à-dire la manière de vivre la plus riche de valeurs, qui s'accorde avec la Loi fondamentale gouvernant tout l'univers et la vie individuelle. Mon propre maître, Josei Toda, attirait notre attention sur l'évolution dynamique, harmonieuse et créative de l'univers lui-même et il qualifiait d'« action compatissante » le processus qui animait tous les phénomènes dans le cosmos. Il faisait la profonde observation suivante : selon lui, le respect et la compassion pour notre propre vie et celle des autres correspondaient à la Loi cosmique fondamentale, ou Loi bouddhique.

DÍEZ-HOCHLEITNER • Ce sont toutes des visions très impressionnantes. J'apprécie particulièrement la référence de Josei Toda au processus animant tous les phénomènes comme action compatissante. Les religions monothéistes parlent aussi de la compassion de Dieu. Je crois que nous devons être méfiants à l'égard de toute action qui n'est pas inspirée par la compassion ou l'amour.

IKEDA • Quelques-unes des meilleures intelligences du monde – Pierre Teilhard de Chardin, Rabindranath Tagore, Albert Einstein, Victor Frankl[10] et d'autres – ont suggéré l'existence d'une force fondamentale derrière le dévelop-

10. Viktor Frankl (1905-1997), professeur autrichien de neurologie et de psychiatrie. Il s'était séparé de Freud et avait créé une nouvelle méthode appelée logothérapie qui prend en compte le besoin de sens de la vie et la dimension spirituelle de la personne. En français, voir Viktor E. Frankl, *Découvrir un sens à sa vie avec la logothérapie*, Éditions de l'Homme, 1988.

pement du cosmos. Norman Cousins, que l'on a appelé la conscience de l'Amérique, et avec lequel j'ai participé à un dialogue, a écrit que, lorsqu'on pense à l'humanité au sein du cosmos, cela excite l'imagination, stimule notre sens du merveilleux, ouvre la voie à une extension du potentiel humain et révèle un futur dans lequel la sagesse humaine est confrontée à l'infini[11].

Concernant la « mission » cosmique, le célèbre astronome Carl Sagan (1934-1996) a écrit : « Notre loyauté va à l'espèce et à la planète. Nous parlons pour la Terre. Notre obligation de survivre, nous ne la devons pas seulement à nous-mêmes, mais aussi à cet ancien et vaste Cosmos, dont nous sommes issus »[12]. La survie de chacun d'entre nous n'est pas seulement dans notre intérêt, mais aussi dans celui de l'univers. Sagan a qualifié notre survie de « mission ». Il attribue une grande part de la catastrophe écologique actuelle à notre manière de nous saisir des choses pour des gains à court terme, ainsi qu'à un stupéfiant aveuglement. Il en appelle à un sens de la continuité historique, à un discours à grande échelle avec les anciens et avec le cosmos[13].

DÍEZ-HOCHLEITNER • Connaître la place et la responsabilité de l'humanité dans l'évolution cosmique est une question de la plus grande importance. À mon avis, notre responsabilité s'adresse, d'abord et surtout, aux jeunes et aux futures générations. Cela implique une égale responsabilité à l'égard de notre planète et, en particulier, de toutes les espèces qui y vivent.

---

11. Norman Cousins, *Present Tense: An American Editor's Odyssey* (« Temps présent : L'Odyssée d'un éditeur américain »), New York, McGraw-Hill, 1967. Il n'existe pas de traduction française de cet ouvrage.
12. Carl Sagan, *Cosmos*, 1981, Rééd. 1985, p. 286. Édition française : Carl Sagan, *Cosmos*, Paris, Mazarine, 1981.
13. Carl Sagan, *Cosmic Connection: An Extraterrestrial Perspective*, New York, Doubleday, 1973, Rééd. Cambridge University Press, 2000, p. 220. Édition française : *Cosmic Connection, ou l'appel des étoiles*, Paris, Seuil, Points sciences, 1978.

IKEDA • Cela est vrai. Nous devons être conscients de notre grande mission cosmique. Nous avons besoin de sagesse collective, d'esprit de recherche et de mesures concrètes si nous sommes appelés à surmonter les différences de race, d'appartenance ethnique, de nationalité, de culture, de civilisation et de genre, en vue d'assurer un brillant avenir au cosmos.

CHAPITRE XII

La compétition pour la paix et des comportements humains

IKEDA • Nous en sommes arrivés à un point tel que le chemin que nous empruntons va, en effet, décider du succès, ou non, de l'humanité à créer une nouvelle civilisation globale. Que devons-nous faire pour élever la mondialisation actuelle à un niveau où elle puisse apporter un soutien au type de civilisation mondiale sur lequel l'avenir de l'humanité aura la possibilité de s'appuyer ? Quelles conditions la culture doit-elle réunir pour servir d'axe spirituel à une telle civilisation ? Dans ce chapitre final de notre dialogue, j'espère aller à la recherche de pistes susceptibles de répondre à ces questions.

DÍEZ-HOCHLEITNER • Les fondamentaux de toutes les cultures humaines révèlent certaines valeurs communes. Définir ces composantes culturelles essentielles constitue, selon moi, le premier pas vers la création d'une civilisation globale appropriée. C'est à eux que nous devons nous référer quand nous transformons le mal en bien et que nous assurons la survie des meilleurs éléments de l'humanité. En dépit des vicissitudes historiques et des dérives, la civilisation humaine a, dans l'ensemble, enregistré un cours ascendant. Bien que des critiques diverses puissent être faites, à juste titre, à l'humanité, la capacité de l'esprit humain à se maîtriser, ainsi que notre volonté de nous perfectionner, et les valeurs qui nous sont inhérentes, ont conduit à des réalisations comme la Déclaration universelle des droits de l'homme, qui est la preuve d'une tendance vers le perfectionnement. Malheureusement, cependant, la Déclaration universelle des droits de l'homme n'est pas universellement appliquée actuellement, et ses idées nobles sont corrompues. En outre, pour être vraiment complète, la Déclaration universelle des droits de l'homme devrait aussi inclure les principaux devoirs de l'homme.

IKEDA • Il est certainement important que l'humanité ait découvert ses propres valeurs intrinsèques et les aient proclamées comme vérités universelles ; des efforts inlassables pour donner corps à nos idées sont essentiels si nous voulons empêcher l'érosion de ces valeurs. Ces efforts doivent débuter chez nous et commencer par notre propre examen de conscience. Un changement, une renaissance, un éveil dans l'individu : telles sont les clés de la transformation du destin de l'humanité tout entière. J'ai cru en cela toute ma vie.

DÍEZ-HOCHLEITNER • Vous avez raison. L'autocritique, qui aurait besoin d'être plus répandue, doit commencer par l'individu et se diffuser à de larges groupes, puis à l'humanité en général. Il ne suffit pas de se plaindre que le monde va dans la mauvaise direction ou que certains pays, sociétés ou cultures agissent mal ; de la même manière, condamner le personnel politique et les gouvernements, et leur échec à réformer, est insuffisant. Au lieu de cela, chaque individu doit se demander comment son mode de vie peut être amélioré ; par exemple, en se débarrassant correctement des piles électriques et des déchets de papier, et en économisant les ressources en eau. C'est seulement quand nous nous attaquons à des questions urgentes comme celles-là que nous pouvons comprendre ce que font les autres, et réagir d'une façon plus attentionnée, avec une plus grande compassion et une considération plus appropriée. Quand nous faisons cela, nous avons alors le droit de prendre la parole et d'exiger des autres ; notre influence morale y gagnera.

IKEDA • L'individu qui est conscient de la valeur propre des autres est également éveillé à la compréhension de leur importance et il peut agir pour améliorer la société. Nous devons saisir pleinement la signification de la diversité des individus et accorder de l'attention à la base universelle sur laquelle elle repose. Nichiren nous priait instamment d'être conscients de la responsabilité qui est la nôtre concernant la paix et la prospérité de tous : « Si le pays est détruit et que les familles sont anéanties, où pourra-t-on alors s'enfuir pour trouver refuge ? Si vous vous préoccupez, si peu que ce soit, de votre sécurité personnelle, ne devriez-vous pas tout d'abord prier pour l'ordre et la paix aux quatre coins du pays ? »[1]. Cultiver le sol riche dans lequel elles poussent est le moyen de permettre à une grande variété de fleurs de s'épanouir avec tout leur éclat.

DÍEZ-HOCHLEITNER • Cela renvoie à ce que vous disiez dans le chapitre précédent sur la métaphore des différents arbres en fleurs : cerisier, prunier, pêcher et abricotier.

IKEDA • Oui. Cependant, comme vous l'avez souligné, si l'on se contente simplement de mettre l'accent sur la diversité dans la société, on court le risque de tomber dans le relativisme éthique. Assurer le bonheur de la société dans son ensemble exige une vision du monde qui fournisse un programme clair pour accroître le prix de la vie humaine autant qu'il est possible, et cela en recourant à ces valeurs humaines qui nous sont communes. Le passage sur la « Cérémonie dans les airs » du Sûtra du Lotus, où une énorme tour jaillit de la terre, enseigne une vision du monde qui exprime le respect de soi-même par la révélation

1. Nichiren, *Traité pour la paix dans le pays par l'établissement de l'enseignement correct* (*Rissho Ankoku Ron*).

du monde intérieur, centré sur la vie de bouddha. Celle-ci possède la dignité suprême.

DÍEZ-HOCHLEITNER • De quelle manière ?

IKEDA • Le Sûtra du Lotus parle d'honorer la dignité de la vie en utilisant l'analogie d'une Tour aux trésors richement parée de joyaux, qui apparaît flottant dans l'air au-dessus de spectateurs stupéfaits. Elle peut apparaître n'importe où et n'importe quand ; elle peut être ici, tout de suite. En d'autres termes, grâce à cette image, on peut comprendre que le Sûtra révèle ce que l'on peut appeler l'« Éternel maintenant ». Cette tour qui surgit de la terre symbolise la vérité éternelle sous-jacente au cosmos entier. Nichiren, qui pratiquait les enseignements du Sûtra du Lotus en toutes choses, identifiait la Tour aux trésors comme étant l'essence même de chaque croyant et pratiquant individuel du Sûtra. C'est la chose importante. Ce qui est essentiel, c'est que la vie de tous les êtres humains est dotée, de façon identique, d'une dignité qui est à échelle cosmique, et que tous sont capables de manifester. En outre, chacun devrait être conscient de la dignité qui existe chez tous les autres, et attentif à celle-ci. La Cérémonie dans les airs symbolise cette vérité de toute vie.

DÍEZ-HOCHLEITNER • Expliquez-moi cela de façon plus détaillée, je vous prie.

IKEDA • Lors de la Cérémonie dans les airs, Shakyamuni entre dans la Tour aux trésors flottant dans les airs, d'où il prêche à toutes les formes de vie dans l'univers et à une assemblée de gens et de personnages que l'on trouve dans les sûtras. L'assemblée inclut des personnes mauvaises comme Devadatta, cousin de Shakyamuni, qu'il avait essayé de tuer ; la représentante de l'illumination des femmes, la fille du Roi-Dragon ; le grand roi historique Ajâtashatru ; et des représentants des Auditeurs, ceux qui écoutent les enseignements, ainsi que ceux qui s'efforcent d'obtenir l'illumination par leurs propres efforts, comme les disciples de Shakyamuni, Shariputra, Ananda et Maudgalyayana. En outre, beaucoup d'autres bouddhas et bodhisattvas, avec leurs serviteurs, se rassemblent de tous les coins du cosmos pour écouter les enseignements. Quatre bodhisattvas dirigeants – parmi lesquels Pratiques Supérieures, qui est l'incarnation du désir compatissant d'amener tous les êtres au bonheur – émergent des fondements de l'univers. Parce que cette cérémonie est centrée sur la Tour aux trésors et que toutes les formes de vie y sont présentes, on peut penser que cette partie du Sûtra représente une vision fondamentale du monde qui exprime la dignité de la vie, ainsi que la liberté, l'égalité et la solidarité qui dérivent de cette dignité universelle. Elle enseigne que les êtres vivants de toutes conditions – rois, personnages mauvais, filles de dragons – peuvent manifester leur valeur inhérente et vivre réellement et dignement dans la liberté et la justice, et comme s'ils ne faisaient qu'un.

DÍEZ-HOCHLEITNER • Je comprends la nécessité de reconnaître la valeur inhérente de chacun, mais y a-t-il jamais une justification à la colère, pas seulement contre les hommes politiques et les militaristes expansionnistes, mais aussi contre les détracteurs injustes ? Les critiques injustes causent de la souffrance partout dans le monde, car la dignité humaine est soumise à de plus grandes attaques, même dans les nations démocratiques.

IKEDA • Ce que vous dites est exact. Les gens sont toujours exposés à des critiques injustes, et ils sont parfois emprisonnés sur la base de fausses accusations. J'en ai une expérience personnelle. Cependant, la persécution démontre souvent que les persécutés ont raison. Les bouddhistes ont considéré la persécution comme un honneur. Néanmoins, comme vous le suggérez, ces malfaisantes menaces endémiques contre la dignité humaine nous mettent en colère.

Les Écritures bouddhiques enseignent que la colère peut être bonne ou mauvaise[2]. Elle rebondit douloureusement sur la personne en colère quand elle résulte de la déraison ; en pareil cas, elle est renfermée sur elle-même et destructrice. Cependant, quand elle est dirigée contre les abus à la dignité humaine et la souffrance injustifiée, c'est une force bénéfique ; elle contribue à notre propre bonheur et à celui des autres. Tant qu'elles sont enracinées dans la quête d'un tel bonheur, la joie, la douleur et la souffrance, comme la colère, sont de resplendissants créateurs de valeur. Dans toute situation, nous pouvons manifester la dignité inhérente à la vie, créer des valeurs et donner un sens à la vie. Chaque être est doté à la fois d'un sens de sa mission et d'une valeur précieuse irremplaçable.

DÍEZ-HOCHLEITNER • Nous ne pouvons réussir à manifester la dignité humaine que si nous faisons effort en ce sens. Nous devrions aussi reconnaître les droits de ceux qui sont encore à naître. Nous devons regarder en face cette vérité selon laquelle nous sommes à la fois nous-même et notre environnement.

IKEDA • C'est vrai. En rejetant l'idée qu'il y a un mal et un bien innés, le bouddhisme enseigne que toute vie est capable à la fois du bien et du mal. L'être humain peut être la cruauté et le mal personnifiés ou l'incarnation d'un bien extrême. Cette double possibilité nécessite un combat incessant, intérieur, spirituel pour écraser le mal et développer le bien, et le mettre en avant. Le combat intérieur est inséparable de la bataille correspondante dans la réalité extérieure.

Dans son ouvrage intitulé *Autobiographie ou mes expériences de vérité*[3], le Mahatma Gandhi montre lui-même comment il combattait en pleine conscience le mal qui piétine la dignité humaine. Le triomphe intérieur d'un seul individu

---

2. Nichiren, *The Writings of Nichiren Daishonin*, vol. II, p. 931.
3. Publié en anglais en 1929. Édition française récente : Presses universitaires de France, 2003.

mène au triomphe du bien dans la société. Démontrer cette vérité rigoureuse est notre rôle dans la vie.

DÍEZ-HOCHLEITNER • Après tant de méfaits dans le monde au cours du dernier siècle, il y a des signes abondants qui montrent la nécessité d'un profond renouveau spirituel de l'humanité. Même la nature semble se révolter contre une telle mauvaise conduite : par exemple, le gigantesque tsunami survenu dans une partie de l'Asie, en décembre 2004, peut tout simplement être une sonnette d'alarme pour notre conscience collective, en nous rappelant à un sens des proportions dans notre vie.

IKEDA • Ce désastre fut hautement bouleversant et attristant. Comme bouddhistes, nous avons offert nos prières sincères pour le repos des âmes de toutes les victimes, et les croyants de la SGI dans les pays voisins ont fait tous les efforts possibles, à travers leurs activités humanitaires, pour aider et soutenir les populations victimes.

En parlant de l'humanisme, Tsunesaburo Makiguchi attendait avec espoir le moment où, dépassant la compétition militaire et économique, l'humanité s'engagerait dans une compétition morale et humanitaire. En acceptant la tâche de mener à bien cette transition dans ma propre action, j'ai mis un accent particulier sur la paix, la culture et l'éducation. Aujourd'hui, éveillés à leur propre valeur humaine, les bouddhistes de la SGI soutiennent la construction d'une société humaine et pacifique dans cent quatre-vingt-dix pays et territoires. Dans les années à venir, notre rôle et celui des individus et des organisations privées, y compris les ONG et les organisations à but non lucratif[4], est appelé à devenir encore plus important que ce qu'il est maintenant. Nous espérons pouvoir développer la compétition morale et humaine pour faire de ce siècle un siècle de paix et de comportements humains partout dans le monde.

4. En anglais : NPO, Non Profit Organization.

DÍEZ-HOCHLEITNER • En gardant en tête votre perspective, faisons le premier pas vers l'instauration d'un tel siècle ; menons ensemble une compétition pour l'avènement d'un siècle de paix, de progrès humain et social durable, et l'épanouissement général des êtres humains en harmonie avec l'environnement naturel.

ANNEXE 1

Surmonter l'obscurité et l'agonie faustienne[1] : pour éclairer la civilisation du XXIe siècle

Discours prononcé par Daisaku Ikeda à l'Athénée scientifique, littéraire et artistique[2] de Madrid, le 26 juin 1995.

C'est un grand honneur pour moi de parler à l'Athénée scientifique, littéraire et artistique, une institution dotée d'une glorieuse histoire et d'une riche expérience. Au président, le Dr Segundo López Vélez, et à tous les autres savants distingués qui ont contribué à rendre ce moment possible, permettez-moi d'exprimer ma gratitude pour cette précieuse opportunité.

L'ego faustien

Nous ne sommes qu'à cinq ans et demi du début du XXIe siècle, et le monde est dans un état de chaos complet. Quand le communisme s'est effondré, sa chute a semblé sonner le début d'un nouvel acte, dont nous pensions qu'il

1. Le docteur Faust est le personnage d'un conte populaire allemand qui a inspiré toute une littérature. Il vend son âme au diable pour obtenir science et puissance. C'est une métaphore qui illustre l'attitude de l'humanité avec son environnement : sacrifier la nature pour ses besoins de puissance. (NDT)
2. C'est son nom officiel. L'Athénée de Madrid est une société savante et culturelle d'importance nationale et internationale. (NDT)

amènerait la démocratie sur la scène de la politique mondiale. En quelques années, cependant, avant que ce nouvel acte ait vraiment commencé, la scène s'est obscurcie. Depuis lors, des nuages sombres, qui promettent une fin très triste à notre siècle, ont recouvert le monde.

Comme si les peuples n'étaient pas assez tourmentés par des lutte ethniques ou religieuses qui éclatent l'une après l'autre, il semble maintenant que les cultures et les civilisations, qui expriment et façonnent la nature humaine elle-même, soient prêtes au choc en un conflit qui pourrait être terrible. Ainsi, bouleversant toutes nos espérances et nos attentes, la mort du système de la guerre froide, loin de nous procurer la fin des affrontements, a ouvert la boîte de Pandore de nouvelles furies.

Compte tenu de notre situation présente, comment devrions-nous nous préparer au prochain siècle ? Il existe un point de vue qui a suscité beaucoup de controverses. C'est l'hypothèse selon laquelle, dans les cent ans à venir, la société continuerait à avancer sur le chemin déjà tracé par la civilisation scientifique-industrielle de l'époque contemporaine. Mais nous ne devons pas raisonner de cette manière. On ne peut échapper à cette évidence que, si nous continuons sur la même lancée à développer et à propager production de masse, consommation de masse et culture jetable – marques distinctives de la civilisation industrielle contemporaine –, tôt ou tard, c'est l'humanité même qui périra.

Il y a trois ans, les participants à la Conférence des Nations unies sur l'environnement, à Rio de Janeiro, ont promis de poursuivre le développement durable comme une priorité. Ce fut un bon point de départ pour mobiliser les meilleurs esprits au service de l'environnement global et d'un avenir meilleur. En tant que bouddhiste, je voudrais défendre l'idée selon laquelle il nous faut examiner soigneusement, et en profondeur, l'état d'esprit de notre époque : l'ethos[3],

3. Ethos : Ensemble d'idées et d'attitudes associées à un groupe social ou à un type d'activités particulier. (NDT)

formé en Europe, de la civilisation moderne. Nous devons faire la lumière, de façon approfondie, sur cet ethos afin de nous libérer de ses contraintes étroites et de découvrir des alternatives à notre mode de vie.

Quand je pense aux grandes questions de l'histoire de l'humanité, je reviens souvent aux grandes intuitions de l'éminent philosophe espagnol, Luis Díez del Corral. Le Pr Corral a visité le Japon, en qualité de membre d'une mission culturelle espagnole, il y a trente ans. Par ses nombreuses déclarations, il laissa une forte impression et l'on se souvient de lui avec respect et affection. M. Corral avait quelques idées stimulantes sur l'ethos de la civilisation moderne. À son avis, il fallait définir cet ethos non pas tellement par sa portée apparente en matière de politique et de droit, comme, par exemple, dans la Révolution française, mais par « un sens nouveau de la dignité humaine » et « une foi qui dépasse l'imagination dans le pouvoir inné des êtres humains ». Et cela signifie, en outre, une « maîtrise efficace et précise de l'existence humaine sur la terre »[4].

C'est le moment de parler, ici, de l'ego faustien, célébré à l'envi, qui a servi de motif à des œuvres poétiques, dramatiques, musicales et, bien sûr, au portrait tragique du *Faust* de Goethe. On peut trouver le même type d'ego tapi au cœur de l'esprit moderne, nourrissant la soif de connaissance, d'action et de maîtrise des choses. Il a conduit l'Europe à dominer le reste du monde. Bien sûr, tout cela forme une part de l'esprit moderne, de l'ethos de la civilisation moderne, c'est-à-dire de son éclat et de sa lumière, mais il y a une autre part, négative celle-là, qui est sa zone d'ombre. Cette partie-là est dans l'impasse totale, et elle révèle ainsi ses limites. M. Corral compare la civilisation moderne au Faust épuisé quand il passe dans le « purgatoire de la souffrance »[5].

4. Luis Díez del Corral, « El rapto de Europa », *Revista de Occidente*, Madrid, 1954, p. 286. Édition française : *Le rapt de l'Europe. Une interprétation historique de notre temps*, Paris, Stock, 1960.
5. Luis Díez del Corral, *ibid.*, p. 324.

Voir l'histoire en ces termes m'intéresse, non pas parce que cette approche remet en question les prémisses de la civilisation moderne, mais parce qu'elle est au plus haut point dialectique. Aujourd'hui, plus dense devient l'obscurité de cette fin de siècle, plus la réaction populaire contre notre époque et contre la modernisation devient vigoureuse, mais aussi variée – comme en atteste la prolifération des groupes religieux dans la société industrielle. Il me semble que nous avons désespérément besoin d'une vision dialectique de l'histoire, une vision qui nous permettra de distinguer,de façon rigoureuse,entre la lumière et l'ombre, entre le positif et le négatif, dans la civilisation moderne. Armés d'une telle vision claire, nous pouvons garantir un avenir qui hérite seulement de la part de lumière et de positif.

Une étude sérieuse de l'histoire, d'un point de vue dialectique, devrait indiquer quelle part de l'ethos de la civilisation moderne devrait être transmise aux générations futures. Parmi les éléments de valeur de cet héritage, il y a les qualités universelles de la nature humaine dont nous avons parlé, avec des mots comme « progrès » et « créativité », « défi » et « innovation », « spontanéité » et « action », et ainsi de suite. Cet héritage n'est rien moins que l'expression résolue, dynamique de la vie humaine, la volonté de chacun de se renouveler soi-même et aussi de revitaliser l'environnement, en interaction constante avec la société et la nature, et en travaillant sur l'une et l'autre, jour après jour, un élément après l'autre. Transmettre tout cela aidera à déterminer l'ethos du XXIe siècle. Si nous voulons léguer ce qu'il y a de lumineux et de positif aux générations futures, il reste le problème de savoir comment adapter ces zones ténébreuses et négatives de la civilisation moderne, en changer le cours, ou peut-être les restructurer.

Remettre la civilisation en orbite – Trois approches

Le bouddhisme a mis plus de deux millénaires à accumuler un héritage spirituel qui traverse le temps, et je crois que cet héritage peut être d'une aide énorme en apportant des solutions aux questions qui vont affecter la civilisation pendant le siècle prochain. Je voudrais partager quelques idées sur l'approche bouddhique, en l'examinant du point de vue des trois concepts d'autonomie, de symbiose et de culture intérieure.

Si nous voulons vraiment améliorer la nature des choses et faire glisser la civilisation sur une orbite plus positive, notre première tâche est sans doute de regarder en face notre manque de retenue. L'agonie de Faust tenait à son incapacité à se satisfaire de son sort. Sa tragédie était due à son échec à se rendre maître de lui et à dominer son désir de connaître la totalité de l'expérience humaine. S'adressant à Méphistophélès, il exprime la souffrance sans fin qui est la sienne de vouloir multiplier les sensations, de vouloir comprendre plus :

« ... je suis résolu, dans le plus intime de mon être,
à avoir part à la destinée de toute l'humanité,
jusqu'à saisir ce qu'il y a de sublime et de plus profond en elle,
remplir mon cœur de toutes ses joies et peines,
et, de la sorte, étendre mon être jusqu'au sien
et, comme elle, souffrir le naufrage aussi » [6]

Il conclut un pacte avec Méphistophélès et il est ainsi transformé. Devenu invincible et arrogant. Il est convaincu qu'il a simplement atteint l'autonomie, mais, à la fin, il paie de son propre aveuglement – et de sa mort – son âme perdue.

L'histoire de Faust est une tragédie dramatique, admirablement composée, du XIXe siècle. Elle tourne autour des conséquences qu'entraîne, chez un homme, la conviction

---

6. Johann Wolfgang von Goethe (1749-1832). Il a commencé à composer *Faust* à l'âge vingt-trois ans, en 1772, et l'a terminé en 1832, juste avant sa mort. La première partie a été publiée en 1808, la seconde en 1832. Il y a de nombreuses traductions françaises depuis le XIXe siècle. (NDT) La citation est extraite de la première partie, section III.

qu'il n'est pas assujetti aux contraintes humaines ordinaires. Au cours de ce siècle, l'éminent philosophe de votre pays, José Ortega y Gasset, dans son ouvrage critique incisif, *La Révolte des masses,* nous a fait voir un monde à la dérive, des populations incapables d'acquérir la maîtrise d'elles-mêmes. Il soulignait que, même dans notre époque qui a fait tellement de progrès, les gens se sentent « perdus dans leur propre abondance »[7]. Ortega faisait cette observation il y a plus d'un demi-siècle. La situation, depuis lors, n'a montré aucun signe de changement dans le bon sens.
La civilisation moderne prend ses racines dans la séparation, qui a eu lieu en Europe, entre la société civile et l'autorité de l'Église. À peine dégagée de l'étreinte de l'Église, cette civilisation a atteint son apogée au xxe siècle. Le fascisme et le communisme aussi. L'ironie accablante de l'Histoire, c'est que l'autonomie même de la civilisation moderne, atteinte grâce la libération de la domination religieuse, ait été à ce point compromise au cours du même siècle par les saccages perpétrés par des idéologies violentes, qui se sont arrogé une autorité quasi religieuse.

La victoire véritable : celle sur soi-même

Dans la pensée bouddhique, les états spirituels, comme la paix, la libération et la concentration méditative sont suprêmement importants. Chacun de ces états a une signification différente, mais ils nous enseignent tous comment ordonner notre monde intérieur. Ainsi, le concept bouddhique d'autonomie, dans le sens d'« autodétermination », est-il le mode de conduite privilégié parmi toutes les autres manières de vivre sa propre vie. Sans l'autonomie d'un moi ordonné, tout ce que l'on fait est comme château de sable.

---

7. José Ortega y Gasset, *La rebelión de las masas,* 1929, Rééd. Madrid, Alianza Editorial, 1983, p. 74. Éditions françaises, *La Révolte des masses,* Paris, Stock, 1937 ; rééd. Gallimard, collection « Idées NRF », 1961, 1967; Livre Club du Labyrinthe, 1986, 308 p. (NDT).

Les sûtras contiennent des passages innombrables sur cette question. On peut retenir ceux-ci : « Conduisez-vous toujours comme vous demandez aux autres de le faire. Seule la personne qui peut gouverner sa propre vie peut gouverner celle d'un autre. Il est assurément difficile d'avoir la maîtrise de soi »[8], et « le vainqueur suprême n'est pas celui qui défait un million d'ennemis au combat, mais celui qui réussit la conquête de lui-même »[9].

L'intention contenue dans ces enseignements, et dans beaucoup d'autres comme ceux-ci, est d'encourager l'autonomie, c'est-à-dire de « mettre de l'ordre en soi ». Cette idée bouddhique est quelque peu différente de l'ethos moderne, qui a pris forme lorsque le charme de la religion sur la civilisation européenne a été brisé. Comme l'ethos moderne, l'enseignement bouddhique encourage aussi l'affirmation de soi et la retenue, mais il y a une nette distinction entre la suffisance de soi faustienne et ce que l'on pourrait appeler le plan bouddhique d'autonomie, que Shakyamuni, plus particulièrement dans ses dernières années, n'a cessé d'invoquer, parlant de compter sur soi-même et de compter sur la Loi.

L'un des derniers enseignements de Shakyamuni déclare : « Soyez vous-même comme un haut-fond, et appuyez vous sur vous-même, non sur les autres. Faites de la Loi un haut-fond, et fiez vous à la Loi, non aux autres. » En d'autres termes, pour ordonner le soi, on ne doit compter que sur son propre soi inébranlable, sans être influencé par autrui ou par les événements. Pour construire un soi solide, on doit se défaire de toute arrogance et de tout dogmatisme et compter seulement sur la Loi. Alors, d'après la conception

---

8. Hajime Nakamura (trad.), *Budda no shinri no kotoba, kankyo no kotoba* (« Les paroles de vérité et d'inspiration du Bouddha »), Tokyo, Iwanami Shoten, 1978, p. 32.

9. Yoshiro Tamura (trad.), *Ningensei no hakken Hannyakyo* (« La découverte de l'humanité, le Sûtra du Nirvana »), vol. 7 de *Gendajin no Bukkyo* (« Le bouddhisme pour les gens de l'époque moderne »), Tokyo, 1966, p. 46.

bouddhique, l'autonomie est possible. Le point important ici est que la Loi, dans les enseignements bouddhiques, est traitée, du début jusqu'à la fin, comme immanente aux êtres humains. Parce que la Loi est immanente, son action dans nos vies est conditionnée par l'atteinte de la conscience de soi et du moment où cela se produit. On appelle parfois le Bouddha, l'Éveillé, ou celui qui a l'état de conscience suprême. Et la conscience de soi est pratiquement synonyme d'autonomie.

Pour le Bouddha – celui qui, par conséquent, avait atteint la conscience suprême –, la question vraiment difficile était de savoir s'il était possible, ou non, pour les gens ordinaires, innombrables et égarés, d'atteindre la conscience de soi. Même s'ils le pouvaient, seraient-ils capables d'atteindre cet objectif au milieu du tumulte de la vie humaine ? C'est précisément la raison pour laquelle Shakyamuni et Nichiren, après avoir atteint l'Éveil, hésitèrent à plusieurs reprises à enseigner la Loi aux gens ordinaires. Ils pensaient que ce serait une mission impossible. La réalisation intérieure de la Loi a vraiment représenté une difficulté majeure insoluble tout au long de l'histoire humaine.

Cependant, supposons que la Loi soit extérieure aux êtres humains ; très rapidement, elle endosserait le rôle d'une autorité hétéronomique[10] imposée au peuple, et la voie vers une autonomie véritable serait close. De nombreux groupes, religieux ou politiques, ont, en fait, essayé d'imposer des systèmes de pensée de l'extérieur et leur ont donné force de loi. En agissant ainsi, ils ont abusé de l'autorité qu'ils prétendaient représenter. En conséquence, les gens ont été abaissés au rang d'esclaves, au nom de quelque loi. La preuve est là devant nous, dans les traces sanglantes laissées par des groupes religieux exclusifs et dogmatiques.

C'est pourquoi j'ai trouvé remarquable le passage suivant sous la plume du grand linguiste espagnol Menéndez Pidal, qui dépeint les normes internes de retenue et de sûreté de

10. Hétéronomie : le fait d'obéir à une loi extérieure.

soi – l'autonomie – qui ont donné à l'histoire de l'Espagne sa belle spiritualité : « L'Espagnol indomptable, fort de son endurance face à la pénurie, détient en son cœur un niveau de sagesse qui soutient les gens au travers de toutes sortes d'adversité ; son principe est l'invitation à « la persévérance et la mesure». Né avec l'état d'esprit d'un Sénèque, il y a en lui une sorte de stoïcisme fondamental, instinctif »[11].

Le deuxième concept, celui de symbiose, parle de la vie en commun dans une relation de soutien mutuel. Dans sa méditation au début de la pièce de Goethe, Faust réfléchit : « Comme tout, l'un dans l'autre, agit et vit de la même existence ! »[12].

Ici, il est frappé par la symbiose vibrante de toutes choses dans la nature, et effrayé par la manière dont elles agissent les unes sur les autres, dépendent l'une de l'autre, en mouvement constant au sein d'une harmonie complexe. Il ressent sa propre aliénation par rapport à la vaste et généreuse dimension de la vie, qui nous laisse respirer profondément et partager notre propre existence avec la nature et l'univers. Comme Faust, les hommes et les femmes du monde moderne ont été profondément séparés de la véritable plénitude de la vie.

Depuis le début, il y avait une hypothèse sous-jacente à la civilisation moderne, selon laquelle la nature et l'espèce humaine existaient en opposition l'une avec l'autre ; la nature serait un objet à conquérir et à maîtriser par les êtres humains. Il se peut que cet isolement et cette aliénation aient été la conséquence du côté démoniaque de l'ego faustien.

Comme un grand nombre de gens raisonnables l'ont observé, il est urgent que cette conception de la nature et de l'univers soit révisée, si nous voulons nous ouvrir à un

---

11. Ramón Menéndez Pidal, *Los españoles en la historia*, Madrid, Espasa-Calpe, Coleccion Austral, 1991, p. 83.
12. Johann Wolfgang Goethe, *Faust*, Première partie, « La Nuit ». Édition française : traduction par Gérard de Nerval, Paris, Gosselin, 1840. plusieurs rééditions.

nouvel horizon rempli de promesses pour le siècle à venir. C'est pourquoi l'idée de symbiose en est venue à symboliser de plus en plus l'espoir en le futur. Je crois que le bouddhisme, avec sa promesse immuable d'une unité impossible à rompre entre les humains et l'environnement – la société, la nature, l'univers –, offre le véhicule parfait pour encourager à une symbiose complète.

Vivre la voie du bodhisattva

Examinons le principe connu sous le nom d'*esho-funi*. Pour faire bref, il résume l'idée de symbiose parfaite. *Esho* est une combinaison de *sho-ho*, qui désigne notre propre soi, et *e-ho*, qui désigne notre environnement, y compris la nature. *Funi* signifie littéralement « ne peut être deux », ou unité. Réunis, les deux mots *esho-funi* désignent donc l'inséparabilité des deux parties, la vie et son environnement, qui maintiennent entre elles une relation harmonieuse comme dans un ensemble unique, tout en agissant l'une sur l'autre et en exerçant, de l'une à l'autre, un effet réciproque. C'est un principe fondamental du bouddhisme. J'ai à peine besoin d'ajouter qu'il représente aussi un point de vue particulier, qui est en passe de devenir rapidement un paradigme majeur de l'épistémologie post-moderne[13].

Dans la perspective bouddhique, l'harmonie entre les humains et la nature n'est pas statique. Cette harmonie constitue un monde actif, dynamique, qui vibre d'une vie créatrice. Son dynamisme s'étend assez largement pour

---

13. Paradigme : Représentation du monde, une manière de voir les choses. On peut aussi parler de « modèle ». Epistémologie : étude critique des principes scientifiques, ou méthodologie. Postmoderne : la pensée postmoderne remet en cause les grandes constructions intellectuelles et théoriques, caractéristiques de la modernité. Contre l'idée de centre, de synthèse et de totalité, elle met en avant celle de réseau et de dissémination. Tandis que la modernité affirme un universel, la postmodernité se fonde sur une réalité discontinue, fragmentée. Elle privilégie le singulier contre le général. (NDT)

englober toute l'énergie active de ce qui est lumineux, ce côté positif de l'ethos moderne, celui qui devrait constituer l'héritage du nouveau siècle : son esprit de progrès, de créativité et de compétition, son tempérament pionnier, et ainsi de suite.

La relation dynamique entre *sho-ho* et *e-ho* est ainsi décrite par Nichiren : « sans vie, il ne peut y avoir d'environnement. De la même manière, la vie est façonnée par son environnement. »[14] La première partie de la citation veut dire que, si, vous ou moi, nous mourons, l'humanité ne va pas cesser d'exister ; bien plus, même si tous les humains devaient s'éteindre, l'univers n'arriverait pas à son terme. Néanmoins, comme nous le dit la seconde partie, dans la mesure où l'existence même de l'environnement est incluse dans les êtres humains, il ne peut y avoir d'environnement sans qu'il y ait du vivant. C'est moins là une représentation objective que l'affirmation d'un engagement personnel résolu fondé sur la vérité religieuse, qui est une vérité d'évidence, de l'inséparabilité du genre humain et de la nature.

La base du discernement subjectif est *ichinen*, la croyance résolue dans le bouddhisme. Ainsi, dire que *sho-ho* ne peut exister sans *e-ho* suggère que *ichinen* doit s'élargir à cette vaste étendue illimitée qu'est le Grand Soi, lequel remplit l'univers sans être contenu par des limites de temps ni d'espace. L'exigence, pour *ichinen*, est que nous vivions selon l'enseignement du Grand Soi, par opposition aux critères du Petit Soi, ou ego. Dans le bouddhisme du Mahayana, en particulier, nous sommes appelés à vivre ce mode de vie en conformité avec la voie du bodhisattva.

Le discernement subjectif doit être effectué, cependant, avec beaucoup de soin car, sans un terrain adéquat, il peut devenir une source de dogmatisme ou de vague spiritualisme, voire de suffisance faustienne. La seconde partie de la citation

14. Nichiren, lettre *Sur les présages*, 1275.

de Nichiren : « Même si la vie est soutenue[15] par son environnement » affirme l'impossibilité d'une telle dérive en posant le principe qu'il y a un équilibre entre la vie et son environnement, et elle introduit ce qui est fondamentalement l'idée écologique de symbiose. En ce sens, le concept d'*esho-funi* se présente comme suprêmement moderne. Par la reconnaissance de l'environnement, nous sommes capables de comprendre la proposition quelque peu intransigeante selon laquelle « sans vie, il n'y a pas d'environnement », et de saisir comment cela devient une invitation à une authentique symbiose dans laquelle les humains et l'environnement sont entremêlés dans une relation dynamique réciproque qui agit de façon égale sur les deux.

On ne peut guère s'empêcher de remarquer qu'il y a un remarquable parallèle entre *esho-funi* et l'une des plus puissantes idées d'Ortega y Gasset, à savoir que je suis, en réalité, simultanément moi-même et mon environnement. Si je ne peux sauver mon environnement, je ne peux me sauver moi-même[16]. Cette réflexion implique une élévation et une expansion de l'ego jusqu'au Grand Soi, comme dans la phrase de Nichiren « sans vie, l'environnement ne peut exister ». Et la seconde partie de l'affirmation d'Ortega est étrangement similaire à « la vie est soutenue par son environnement ». Les deux propositions suggèrent une orientation commune vers la symbiose.

Écoutez Ortega : « Par-dessus tout, la civilisation est volonté de coexistence. »[17] Entendez aussi les paroles du philosophe Miguel de Unamuno : « La personne forte, celle qui

15. Daisaku Ikeda a d'abord cité cette citation sous la forme : « de même, la vie est façonnée par son environnement » (voir ci-dessus), puis ici, sous la forme : « même si la vie est soutenue par son environnement ». Les mots japonais correspondants ont ainsi été traduits en anglais avec quelques variations, que nous avons respectées en français. Les mots japonais contiennent ces deux significations. (NDT)

16. José Ortega y Gasset, *Meditaciones del Quijote*, Madrid, Alianza Editorial, 1987, p. 25.

17. José Ortega y Gasset, *La rebelión de las masas*, op. cit., 1983, p.100.

est forte de façon primordiale, ne peut jamais être égoïste. Une personne qui jouit d'un grand pouvoir partage ce pouvoir avec les autres. »[18] Chacun à sa manière partage avec nous sa perception d'une partie de l'ethos de symbiose, d'un ethos cosmopolite qui a guidé l'océan spirituel qu'est l'histoire de l'Espagne pendant plusieurs siècles, depuis le début de l'époque des Grandes Découvertes. Cet ethos symbiotique, cosmopolite, trouve une profonde résonance dans la voie du bodhisattva, l'essence du bouddhisme du Mahayana.

Mon troisième sujet, ou concept, est le processus de culture intérieure, qui comprend la construction du caractère, la discipline et l'entraînement personnel. Je veux aborder cette question parce que je crois que la civilisation moderne a sacrifié cette valeur, laissant ainsi un sérieux vide. Au cours des centaines d'années qui se sont écoulées depuis son émergence, notre civilisation s'est précipitée sur les bienfaits matériels, les commodités, le confort et l'efficacité. Cela a créé une accumulation de richesse sans précédent, qui – du moins sur le plan matériel – a permis aux gens ordinaires des sociétés industrielles de vivre encore mieux que l'aristocratie des temps précédents. Mais le prix à payer a été élevé, sous la forme de graves problèmes sociaux et autres. On désigne parfois les plus sérieux d'entre eux sous le nom de « trilemme »[19], une série de problèmes qui empoisonnent la vie de chaque pays industriel. Ensemble, ils composent une structure imbriquée faite de trois questions principales qui agissent l'une sur l'autre et s'exacerbent mutuellement :
1. Le développement économique pour des populations dont le nombre ne cesse d'augmenter.

---

18. Miguel de Unamuno, *En torno al casticismo*, Première édition, 1895 – Madrid, Espasa-Calpe, 1961, p. 46.
19. Néologisme construit sur le modèle de « dilemme » : option possible entre trois alternatives incompatibles ou contradictoires. (NDT)

2. L'épuisement des ressources naturelles et de l'énergie, et
3. La destruction de l'environnement.

Je voudrais dire qu'il existe une conséquence encore plus dangereuse de l'avance de la civilisation industrielle : c'est l'érosion de la vitalité et la détérioration de l'univers intérieur des gens. À l'époque contemporaine, tout particulièrement au XXe siècle, la tendance à privilégier les valeurs du profit matériel et d'un confort sans cesse croissant a créé un état d'esprit qui justifie les solutions faciles, les raccourcis et la superficialité, et qui néglige – contre toute sagesse – l'importance de l'entraînement intérieur. D'une certaine manière, les anciens pays socialistes semblent souffrir encore plus que les autres, pour avoir mis la construction du caractère à l'arrière-plan.
L'ancien président Mikhaïl Gorbatchev et moi menons actuellement[20] un dialogue pour un grand journal d'opinion japonais. Au cours de nos conversations, M. Gorbatchev revient souvent à cette question, parlant des pièges du radicalisme. Par exemple, dit-il : « À l'instar de la tentation qui existe de prendre des décisions par la méthode la plus simple, le radicalisme représente une attitude bornée. Et combien d'épreuves les populations ont-elles dû subir du fait de décisions précipitées ou d'hypothèses faciles au sujet d'une mystérieuse solution qui, d'une façon ou d'une autre, allait apparaître et régler tous les problèmes d'un seul coup. » Dans la même veine, il démonte quelques vieilles notions favorites : « La conviction des XIXe et XXe siècles, selon laquelle les actions les plus radicales, les plus révolutionnaires, garantissaient la persistance du changement et du progrès, était fausse. »[21]

---

20. Rappelons que la conférence est prononcée en 1995. (NDT)
21. Mikhaïl Gorbatchev et Daisaku Ikeda, *Moral Lessons of the Twentieth Century*, Londres, I. B. Tauris, 2005, p. 18. L'édition française, traduite du russe, est antérieure : *Dialogue pour la paix*, Éditions du Rocher, 2001, 238 p. (NDT)

Après avoir observé de façon critique la Révolution française, Goethe formulait l'avertissement suivant : « Tout ce qui libère simplement l'esprit sans offrir un processus d'entraînement intérieur est dommageable. » Ce processus d'entraînement intérieur est celui de la culture de notre monde intérieur. À différents moments et avec différentes nuances, d'autres auteurs ont exprimé des peurs semblables devant des réformes institutionnelles survenant avant que les gens aient reçu une discipline et une formation spirituelles.
En voici quelques exemples : ceux du philosophe britannique Edmund Burke, écrivant sur la Révolution française ; d'Alexis de Tocqueville, historien de la société, sur la Révolution américaine ; du Mahatma Gandhi, concerné par la Révolution russe ; de Sun Yat-sen sur la Révolution chinoise de 1912.
L'Histoire a prouvé que leurs inquiétudes n'étaient pas sans fondement. Aujourd'hui, à la fin du siècle présent, les sociétés socialistes et le monde libre baignent de la même manière dans le matérialisme, et souffrent d'une fixation sur la richesse et de l'effondrement de l'éthique. L'époque de l' « enfant gâté »[22] décrite par Ortega, il y a plus de soixante ans, semble aujourd'hui s'être matérialisée.

La révolution humaine est entraînement du caractère

La méthode traditionnelle d'entraînement du caractère est centrée sur le courage et l'endurance. Les dernières paroles de Shakyamuni furent : « Ne manquez pas de parfaire votre entraînement. » L'entraînement de la personne intérieure a toujours été une tâche primordiale dans le mode de vie bouddhique. Plusieurs déclarations de Nichiren concernent directement cette question :
« Quand il est chauffé et martelé, le fer devient un bon sabre. »[23]

---

22. José Ortega y Gasset, *La rebelión de las masas*, op. cit., 1983, p. 118.
23. Nichiren, *Lettre de Sado*, 1272.

« Un miroir terni brillera comme un joyau si on le polit. Un cœur maintenant assombri par les illusions nées de l'obscurité fondamentale de la vie est comparable à un miroir terni, mais, si on le polit, il devient immanquablement un clair miroir qui reflète l'Éveil à la vérité immuable. Faites surgir une foi profonde et polissez votre miroir sans relâche, jour et nuit. »[24]
Et encore : « Je ne suis pas pour autant découragé. Le Sûtra du Lotus est comme la graine, le Bouddha comme le semeur, et les hommes comme le champ. »[25]

Veuillez noter que chacune de ces recommandations sur la manière d'améliorer notre moi intérieur est formulée sous la forme d'une comparaison utilisant des objets concrets – sabre, miroir, champs à semer. Le monde de l'agriculture et du travail manuel est distinct des autres mondes, tel celui de l'édition. Cultiver la terre et exécuter avec succès un travail de ses mains n'autorise pas à bâcler le travail, ni à utiliser des raccourcis ou des succédanés commodes pour les opérations ardues. Faire pousser du riz, par exemple, implique un total de quatre-vingt-huit étapes jusqu'à ce que la moisson soit terminée et stockée. Omettre une seule de ces étapes pourrait donner des résultats rien moins que satisfaisants. La même chose est valable pour tremper une épée de haute qualité ou polir un miroir. Nous pouvons penser à cultiver caractère et discipline avec exactement la même sorte de logique. C'est un processus exigeant qui n'autorise ni omissions ni raccourcis.
Néanmoins, les « enfants gâtés » produits par la civilisation ont tourné le dos au sage impératif de nourrir sa culture intérieure. Comme ils sont tellement avides de vivre des vies confortables, toujours prêts à choisir le chemin de moindre résistance ou à se précipiter pour obtenir des résultats rapides, ils ressemblent parfois à une espèce différente, à des

---

24. Nichiren, *Sur l'atteinte de la bouddhéité*, 1255.
25. Nichiren, *Mise en garde contre l'offense au Dharma*, 1276.

êtres humains dont les vies se déroulent dans une indifférence totale à ce qu'Ortega décrivait comme les « travaux d'Hercule » qui incombent aux êtres dotés d'univers intérieurs riches et disciplinés[26].

Voici comment les anciens pays socialistes et les pays du monde libre, ces derniers vainqueurs apparents dans la vieille bataille des idéologies, ont dérivé, les uns et les autres, vers une ère d'insouciance où il n'y a place pour aucune philosophie, excepté le cynisme et le culte de Mammon. Quelque part dans les strates profondes des êtres humains et de leur histoire, je suis certain qu'il y a un lien entre l'univers intérieur dépourvu de solidité des gens de notre époque contemporaine, privés d'entraînement et de discipline, et l'horreur destructrice de l'esprit et génocidaire, dont notre siècle a été le témoin. C'est pour cette raison que nous, à la Soka Gakkai, nous sommes si intransigeants sur l'importance de la révolution humaine, car c'est là un autre nom pour ce processus de culture intérieure. Nous naviguons sur un parcours inexploré vers l'aube d'un nouveau siècle de l'humanité.

Pour récapituler, je vous ai présenté trois thèmes qui revêtent une importance cruciale, si nous voulons que le XXIe siècle soit éclairé et vertueux. Ce sont l'autonomie, la symbiose et le processus de culture intérieure. Seule l'Histoire pourra décider si ces qualités auront offert un rayon d'espoir à l'agonie faustienne de notre purgatoire. Quoi qu'il arrive, il n'y a aucun pas qui ne puisse être franchi si l'on ne fait pas d'abord le premier pas. En ce qui me concerne, comme adepte du bouddhisme, et comme homme vivant en ces temps-ci et né pour supporter les épreuves de l'Histoire, il n'est pas d'autre choix que de travailler avec ceux qui sont engagés pour les mêmes objectifs, en faisant tout ce que je peux pour apporter mon aide dans les tâches sans précédent qui sont devant nous.

---

26. José Ortega y Gasset, *La rebelión de las masas*, op. cit., 1983, p. 54.

Je voudrais terminer avec un passage de Don Quichotte qui contient certaines des qualités spirituelles de l'Espagne et du peuple espagnol :
« Le chevalier errant doit parcourir tous les coins du monde, pénétrer dans les labyrinthes les plus inextricables, tenter à chaque pas l'impossible, supporter, au milieu des déserts, les brûlants rayons du soleil d'été, et, dans l'hiver, l'âpreté des frimas et l'inclémence des vents. » [27]

27. *Histoire de Don Quijote de la Manche* de Miguel de Cervantes Saavedra, traduit par Frédéric Pascal de Brotonne, Paris, Lefèvre, 1837, partie II, chapitre XVIII, p. 124 – Belle traduction littéraire du XIXᵉ siècle. (NDT)

ANNEXE 2

La théorie du développement durable et la stratégie de développement national

Discours prononcé par Ricardo Díez-Hochleitner, président honoraire du club de Rome, devant le Forum du XXIe siècle, « Développement durable : la Chine et le monde », Pékin, 5-8 septembre 2005.

Introduction

Cette manifestation offre une opportunité exceptionnellement heureuse d'approfondir notre dialogue entre Orient et Occident. Face à face, et main dans la main, nous devrions discuter des stratégies futures pour le développement durable de la Chine et du monde, en utilisant une approche globale, et cela en dépit du fait que nous sommes confrontés à un monde rempli d'incertitudes, qui a besoin d'une plus grande part de sagesse, de solidarité et de leadership.
Pour commencer, nous avons besoin d'en savoir beaucoup plus et beaucoup mieux sur cet extraordinaire pays – la Chine –, en même temps que nous avons besoin de recueillir des données sur vos réussites autant que sur les problèmes qui vous restent encore à résoudre. Nous voulons ainsi apprendre auprès de vous et coopérer avec vous, si vous le souhaitez, en utilisant notre approche globale, interdisciplinaire et à long terme. À cette fin, un dialogue

interculturel franc et honnête est une des exigences les plus urgentes dans notre recherche commune d'un développement mondial durable, dans un monde plus équitable.

Mes chers amis,

Beaucoup de choses ont changé depuis les premiers jours du club de Rome, quand il était si rare d'étudier et de débattre de la problématique mondiale sur le fondement d'une analyse à long terme, transcendant les frontières des États souverains et établissant, pour la première fois, un lien entre le développement économique et les ressources naturelles et l'énergie disponibles, tout cela dans une approche interdisciplinaire à long terme, comme cela a été le cas dans les rapports du club de Rome comme *Halte à la croissance ?* Rapport sur les limites de la croissance, *The Chasm Ahead* et les autres. Entre-temps, les idées de complexité, d'interdépendance et d'incertitude se sont largement répandues, au moins en paroles, sinon en actes. Notre tâche et notre vocation renouvelée, c'est d'être des vecteurs d'espoir pour le futur, en particulier quand, face à des problèmes de développement et d'environnement aussi graves que ceux qui nous menacent aujourd'hui, nous devenons des partenaires engagés à contribuer à un renversement des tendances actuelles les plus dangereuses.

Un regard rétrospectif rapide sur l'histoire de l'humanité montre une ligne de croissance qui passe par les réalisations matérielles et culturelles indéniablement immenses, effectuées pendant une marche longue et difficile à travers des millénaires, particulièrement dans le cas de la Chine. Cependant, elle montre aussi combien les grands mouvements historiques, dans le monde entier, ont souvent été paralysés par l'ignorance et l'égoïsme de trop de gens, en particulier des plus riches.

Aujourd'hui, comme jamais auparavant, une vision de l'avenir doit être inspirée par une solidarité basée sur la connaissance et les valeurs éthiques, dépassant la vision schématique et simpliste largement répandue d'un monde divisé entre « nous » – les bons – et « eux », les méchants. Une telle pensée ne fait que dissimuler nos propres intérêts privés, fanatismes et préjugés de toute sorte. C'est pourquoi il est maintenant urgent de susciter des réponses en retour au moyen d'un débat entre les grandes cultures et régions du monde.

Dans l'analyse finale, cette situation paradoxale – celle d'un monde écrasé par des rechutes et des menaces, auréolé cependant par d'extraordinaires réussites et bonnes fortunes – pâtit principalement d'un manque de leadership politique, culturel et moral ou, plus simplement, du manque d'une vision plus vaste. On dirait que nous sommes seulement guidés par des principes d'un autre âge, au lieu d'essayer de bâtir l'avenir avec un enthousiasme renouvelé pour notre nouveau millénaire. Les principaux pouvoirs politiques et économiques auront besoin de profondes restructurations (du moins en Occident) en vue de rendre la coopération possible entre tous les pays.

Le principe de convergence[28], combiné à la flexibilité, est un type de coopération qui va à l'encontre des tendances centripètes, et qui soutient et développe les identités culturelles à l'intérieur de chaque État, comme à l'intérieur des communautés régionales et entre elles, au lieu de créer des blocs protectionnistes. L'application d'un tel principe est encore plus valable et urgente, étant donné l'ampleur spatiale aveugle et incontrôlable des effets environnementaux, sans parler de l'urgente nécessité d'un développement durable subséquent.

Le développement durable exige, en outre, une approche radicale et totale, ainsi que des mécanismes d'exécution investis d'une autorité universelle. En fait, dans les circonstances présentes, aucun pays, ni aucune collectivité

28. Le « principe de convergence » concerne, notamment, la réduction des écarts de développement par des politiques appropriées de convergence interrégionales ou interétatiques. (NDT)

régionale, ne peut, ou ne devrait, opérer un développement durable dans l'isolement, par rapport au contexte mondial plus large. Pour être viable, un ordre mondial plus équitable exige l'adoption du principe de cohésion mondiale, dès que possible, par le partenariat, et aussi en fournissant des compensations adéquates pour les pays moins favorisés, dans le cadre d'une Organisation des Nations unies profondément renouvelée.

Il serait totalement inacceptable, et ce serait un sérieux revers, d'utiliser les difficultés économiques, financières et commerciales actuelles comme excuse pour piétiner les sentiments timides de solidarité humaine et le respect grandissant pour les droits de l'homme, si chèrement acquis au lendemain de la Seconde Guerre mondiale. Ainsi, de simples transferts monétaires, ou des transferts en nature – y compris l'information et la technologie – ne sont pas suffisants ; une approche d'ensemble du développement durable est nécessaire, inspirée par le souci de solidarité autant que par celui de notre intérêt propre à long terme. Dans cet esprit, les hommes d'affaires doivent aussi assumer un leadership nouveau, qui ne se satisfasse pas de la simple création de bien-être matériel grâce à de légitimes profits, mais en visant, à long terme, des affaires durables et viables. Cela implique un esprit nouveau de partenariat (une nouvelle alliance) entre les secteurs public et privé, dans tous les domaines, pour mieux servir l'avenir de l'humanité.

Nous, au club de Rome, à ce tournant difficile de l'histoire, sommes obligés de fournir des réponses, afin de contribuer à la promotion d'un nouveau mode de vie. Ce nouveau mode de vie devrait servir à démanteler l'économie consumériste et l'économie de gaspillage actuelles, et permettre un développement durable qui puisse satisfaire aux besoins et aux aspirations de l'humanité, tout en protégeant l'environnement, et en garantissant aux générations futures des objectifs viables et heureux. À cette fin, les économistes, les environnementalistes et les sociologues sont instamment priés d'harmoniser leurs vues, afin de prendre pleinement

en compte les options écologiques, dont la marge est de plus en plus limitée, sans compromettre le progrès, dans le cadre d'une véritable « éco-socio-économie ».
Cependant, dans une telle perspective, on peut constater que les approches actuelles continuent d'être superficielles et bornées. En outre, nous nous contentons essentiellement d'agir en réaction aux symptômes de causes qu'il reste à diagnostiquer. Nous réagissons dès que nous percevons des événements et des menaces, au lieu de nous attaquer à la racine des problèmes à long terme. Par conséquent, ce « Forum du XXIe siècle : Chine » offre une opportunité unique et bienvenue d'aller de l'avant, en étroit partenariat avec les peuples du monde entier pour un avenir bien meilleur, viable et durable.
Le monde n'est pas condamné à mort, mais il est gravement malade, et c'est là le résultat, en particulier, d'un mal de l'esprit chez beaucoup. C'est donc dans leur esprit comme dans le nôtre que nous devons susciter un monde plus équitable fondé sur le développement durable. Le cerveau humain est la création la plus belle et la plus complexe du monde, là où résident la connaissance, les croyances, la conscience, la créativité et la souveraineté inviolable de l'individu. C'est un lieu où les idées naissent, aussi bien que les impulsions qui inspirent notre bonne volonté et nos actions positives. C'est à cause de cette disposition humaine, qui nous est commune, que la planète a de la cohésion et un avenir prometteur. En effet, les idées fondées sur des valeurs éthiques et morales sont, au final, plus puissantes que n'importe quel autre facteur dans notre univers. De telles idées, qui sont la matière de la culture, sont à leur tour indispensables à l'innovation scientifique et technologique, au développement économique social et humain durable qu'elles inspirent, et au leadership politique. La Chine a une opportunité unique pour elle-même, autant que pour le monde en général, de fournir un leadership, dont la nécessité s'impose particulièrement, et qui soit performant, afin de résoudre ces problèmes vitaux.

Le contexte

La biosphère est l'habitat de l'humanité, et comme tel nous devons la défendre et apprendre à la connaître à fond. C'est notre véritable maison à tous, dont les environs immédiats sont la croûte terrestre et l'atmosphère. Elle représente aussi notre seul et unique héritage commun et, avec notre héritage culturel et notre éducation, le seul héritage qu'il nous est demandé de laisser à nos descendants.

Notre capacité d'améliorer notre héritage naturel est conditionnée par plusieurs facteurs (à supposer que nous soyons pleinement motivés à le faire par une éthique globale et une volonté politique), et elle est, de toutes manières, limitée par la nature. Par ailleurs, la vulnérabilité de la biosphère est considérable, compte tenu du pouvoir énorme de l'humanité de l'endommager rapidement et gravement, par une décision ou par omission, et même de la détruire. Cependant, préserver la planète signifie sauver la vie, c'est-à-dire, en tout premier lieu, garantir notre survie, et, avec le temps, nous permettre à tous de vivre décemment dans l'abondance.

L'humanité doit accepter le fait que les ressources disponibles et la charge que l'écosystème peut supporter sont limitées, et nous devons prendre en compte les besoins des générations futures, dont le nombre va rapidement augmenter. En dépit de la croissance démographique extrêmement faible de plusieurs pays industrialisés, la croissance mondiale globale de la population est maintenant exponentielle. De 500 millions d'habitants environ autour de l'année 1700 et 1 milliard 800 millions en 1900, nous sommes passés à 4 milliards en 1950, à plus de 6 milliards en 2000, et serons probablement autour de 9 milliards en 2050. Avec une espérance de vie qui s'allonge et la baisse espérée de la mortalité infantile, les besoins essentiels (nourriture, logement, éducation et santé) augmentent constamment, mais il en est de même de la consommation qui est démesurée, dans une société où l'on s'identifie très souvent à ce que l'on possède, au lieu de s'identifier à ce que l'on est et à ce que l'on sait. C'est pourquoi l'impact de l'activité humaine sur la biosphère a été multiplié par 40 au cours de ce dernier siècle, et le monde produit maintenant en quinze jours ce qui aurait pris une année entière en 1900. En outre, les disparités criantes, en matière de technologie et de bien-être, entre les pays riches et les pays pauvres, provoquent les mouvements migratoires massifs, actuellement naissants, des exilés économiques du futur.

C'est pourquoi, s'il est vrai que le développement permet effectivement la prospérité économique et sociale, ce qu'il y a maintenant de plus vital, c'est de préserver la nature pour garantir que la Terre puisse à la fois supporter le développement permanent de l'humanité et maintenir les différentes expressions de la vie. Ainsi, la conservation de la nature ne peut se limiter à une action spécifique, isolée, aussi digne d'éloges soit-elle, mais elle exige une perspective et une portée à l'échelle du monde provenant des secteurs les plus variés, et elle doit prendre en compte, de façon ordonnée, les différents facteurs précis impliqués pour que nos solutions marchent. Ce que tout cela signifie, c'est que la conservation de la nature et, par là, celle de la biosphère, consiste à tenter de résoudre les problèmes du monde dans son entier.

Notre époque est caractérisée, d'une part, par cette extension de l'action à l'échelle mondiale et par la prise de responsabilités, également à l'échelle mondiale, qui en résulte, et qui exige l'adoption de stratégies tout aussi globales. D'autre part, l'humanité a une capacité presque illimitée de créer et de construire pour satisfaire ses besoins et ses ambitions. Dans ce processus, nous avons tendance à utiliser les ressources naturelles sans penser à leur épuisement dans le futur. Le prix que paie la nature pour notre capacité, à la fois, de destruction et de pillage est énorme. La liste des dangers et des désastres s'allonge sans fin : érosion des sols, désertification, disparition du sol arable, pollution, déforestation, dommages et destructions causés aux écosystèmes, disparition de certaines espèces et de la biodiversité, pollution de l'eau potable et des océans, destruction de la couche d'ozone, pollution de l'atmosphère par les gaz nitreux et sulfureux et le dioxyde de carbone, avec, pour conséquences, l'effet de serre, le changement climatique, et ainsi de suite.

Il y a plus de trente ans, le club de Rome scandalisa le monde avec un rapport, préparé à notre demande par une équipe du MIT pour vérifier si un développement économique illimité avait de l'avenir, ou s'il y avait des limites à la croissance. Aussitôt que les effets de la crise pétrolière de 1973 se sont dissipés, les pays les plus industrialisés se sont remis à agir comme des cités insouciantes et confiantes qui, tout en proclamant la fin de la croissance économique linéaire, continuaient leur économie de gaspillage et persistaient dans leur culture consumériste. Leur premier objectif était d'obtenir une croissance annuelle maximale du Produit national brut, comme s'il n'y avait pas de limites aux ressources naturelles disponibles, ni à l'accumulation de richesses par quelques pays industrialisés. Maintenant, trois décennies plus tard, au moment où le monde se trouve à un carrefour, pendant que l'économie de marché (pourtant simple outil économique, quand ce n'est pas un synonyme du développement humain, social et culturel) est recommandée comme le « veau d'or »[29] universel, on peut déjà observer que le monde a outrepassé, sans doute de façon irréversible, les frontières sacrées de la nature, par l'extinction d'espèces végétales et animales, la pollution de l'air, de l'eau et du sol, et un pillage alarmant de toutes sortes de ressources, qui sont indispensables pour satisfaire aux besoins de la population humaine.

La biodiversité est, pour différentes raisons, d'une importance vitale pour l'humanité, et pourtant elle est menacée de plus en plus par l'extinction rapide actuelle d'espèces animales et végétales. Son importance est autant économique

29. Selon la Bible, idole façonnée et adorée par les Hébreux au mont Sinaï, à l'encontre du Troisième Commandement et de la volonté de Moïse. Symbole des idoles trompeuses, notamment du culte de l'argent.

(puisque c'est la source de la nourriture, des vêtements, des médicaments, de l'habitat et de ressources comme le tourisme) que scientifique (pour la protection et la conservation de la terre cultivable, la régulation du climat et la photosynthèse). En outre, elle a d'autres valeurs, immatérielles et esthétiques, qui inspirent les artistes. Pour toutes ces raisons, un certain nombre d'entre nous sommes convaincus que la diversité de la vie contribue, de façon significative, à la qualité de celle-ci, et que, par conséquent, nous avons une obligation morale de protéger la biodiversité comme un précieux legs de la vie elle-même pour nos successeurs.

Pris à part, aucun des nombreux et graves phénomènes environnementaux actuellement connus, ou de plusieurs autres susceptibles de nous surprendre dans un futur proche, n'est nécessairement plus important que les autres. En fait, l'atmosphère est polluée par des détritus industriels qui retombent sur la Terre sous la forme de pluie acide, par des gaz toxiques (spécialement les gaz nitreux et sulfureux), par des gaz organiques émis par les marais, le bétail et les êtres humains (méthane), et par des produits de l'industrie du froid comme les HFC (hydrofluorocarbures), etc. Cependant, un des phénomènes les plus graves que nous connaissions – résultat de l'interaction entre l'industrie, le développement urbain et l'environnement – est l'émission dans l'atmosphère, avec d'autres gaz polluants, de dioxyde de carbone, qui est dû principalement à la combustion du charbon et aux hydrocarbones. L'augmentation de plus de 0,5 % de la concentration de dioxyde de carbone dans l'atmosphère (environ 3 500 mégatonnes métriques) est dû au fait que l'humanité a forcé les choses au-delà de la capacité du monde à réaliser un équilibre écologique.

L'effet de serre qui en résulte (un débat qui fut ouvert par Arrhenius[30] à la fin du XIXe siècle) peut maintenant être observé partout, et il menace de modifier les gradients

30. Physicien et chimiste suédois, prix Nobel de chimie (1859-1927). Il fut le premier à formuler une loi physique sur l'effet de serre.

de température de notre air et de notre eau en moins de cinquante ans, avec des effets dramatiques sur les régions polaires. Selon une estimation prudente, la température moyenne aura crû de plus de 4 °C avant la fin de ce siècle. Ainsi donc, sauver les forêts mondiales, qui aident à absorber le dioxyde de carbone par la photosynthèse, est un pas très important dans la bonne direction. Cependant, une grande quantité de cette absorption était habituellement effectuée par les océans en interaction avec l'atmosphère, grâce à la vie marine (planctons, etc...) et aux argiles des grands fonds, jusqu'à ce qu'un film généralement invisible, produit par toutes sortes de décharges de déchets liquides, s'insinue et forme une barrière en surface. Nous pouvons seulement espérer que la recherche actuellement en cours montre à quel point le problème est sérieux, afin que, peut-être, les intérêts politiques et économiques se débloquent et qu'une solution mondiale efficace soit trouvée.

Dans cet ordre d'idées, nous devons aussi nous souvenir que nous ne craignons pas seulement les trous dans la couche d'ozone, pour les cancers de la peau et les cataractes qu'ils provoquent chez les gens et les animaux, mais aussi parce que l'actuelle concentration excessive de rayons ultraviolets dans des régions de plus en plus vastes de la planète, agit sur les gens, les espèces animales et végétales, y compris les planctons marins, en détruisant – entre autres – la structure des albumines et de la molécule ADN, tout en causant une détérioration graduelle des défenses immunologiques. Tout cela exacerbe la prolifération de maladies comme l'hépatite, l'herpès, la malaria et le SIDA, pour n'en mentionner que quelques-unes, avec le risque sérieux d'engendrer une maladie endémique. Encore plus effrayante est la possibilité que cela puisse favoriser la mutation de quelques-uns des nombreux virus présents dans l'organisme humain et qui sont encore inoffensifs.

Nous devons aussi prendre conscience de la pénurie, qui croît régulièrement, en eau potable disponible. Celle-ci est due, non seulement à une consommation humaine en augmentation, mais aussi à un usage agricole excessif et à une irrigation utilisant des techniques qui consomment beaucoup en surface (arroseurs), ainsi qu'à la contamination progressive des réserves aquifères. C'est pourquoi il est urgent que nous améliorions considérablement notre efficacité dans l'usage de l'eau disponible, et que nous essayions de maîtriser les terribles maladies pandémiques et les famines qui tiennent de nombreux pays sous leur emprise implacable aujourd'hui. Rappelons cependant, pour mémoire, que l'humanité consomme à peine 0,001 % (3 500 kilomètres cube par an) de la quantité totale d'eau potable disponible, et tout ce qu'il est nécessaire de faire, c'est de changer les priorités actuelles de la recherche technologique, qui pourrait certainement trouver des solutions économiques et accroître la disponibilité concrète d'eau potable pour la consommation et pour une agriculture plus rationalisée qu'elle ne l'est aujourd'hui.

Nous ne devons pas oublier que les océans couvrent près de 70 % de la surface de notre planète. Malgré cela, les océans, ou, du moins, leur morphologie, restent un grand inconnu sur le plan scientifique. Les processus physiques, chimiques, biologiques et autres, et les courants qui circulent dans les océans, ont encore une position marginale dans la recherche environnementale, en dépit de leur importance décisive (par exemple, dans l'effet de serre, comme nous l'avons déjà indiqué). Les déchets, plus de 6 500 000 tonnes, qui finissent chaque année dans la mer et les rivières, et les matières synthétiques non biodégradables et les composés du mercure jetés dans les océans aggravent considérablement la pollution mondiale de l'eau.

L'impact de l'activité humaine peut être observé partout et, bien sûr, à travers la détérioration et la contamination de la Terre elle-même, qui a fortement subi l'influence des déplacements humains des quatre dernières décennies. Actuellement, près de la moitié de la population mondiale (autour de 3 milliards d'habitants) vit à l'intérieur d'une bande de littoral pas plus large que soixante kilomètres ;

c'est pourquoi la recherche sur les littoraux est urgente si nous devons nous occuper des populations qui y résident et, en même temps, protéger les écosystèmes côtiers.

La Terre entière est soumise à une agression impitoyable, qui empire progressivement, à cause de l'action de l'homme (par exemple, la destruction de vingt hectares de forêt tropicale par minute, ou la pluie acide causée par l'industrie, qui détruit rapidement les forêts et stérilise la couche organique de terre cultivable). Pour contrebalancer ces effets, des engrais (en particulier les nitrates, qui sont passés de 60 000 tonnes métriques en 1970 à 140 000 en 1990) sont utilisés pour accroître le rendement agricole, mais, dans ce cas, le danger vient de l'infiltration – à partir de laquelle les produits chimiques utilisés peuvent finir par atteindre l'eau des réserves aquifères, même celles qui sont étanches – et d'autres polluants à base d'herbicides et de pesticides, qui compromettent, eux aussi, la biodiversité.

Ces effets polluants, qui composent une liste sans fin – et dont je n'ai mentionné brièvement que quelques-uns – entrent dans une chaîne d'interactions dont les résultats sont encore imprévisibles, sans parler des effets dramatiques de plusieurs catastrophes naturelles (tremblements de terre, éruptions volcaniques, glissements de terrains et cyclones), qui ont augmenté de façon spectaculaire en nombre et en importance (tel le récent tsunami) et ont coûté la vie de millions de personnes.

En dépit des problèmes qui se sont accumulés pendant les récentes décennies, notre planète s'est – progressivement – remplie d'habitants, petit à petit d'abord, puis de façon spectaculaire ces derniers temps, tandis que notre désir de bien-être est en train d'atteindre des niveaux de consommation inimaginables auparavant, même par les plus riches, dans le long parcours, grandiose et souvent douloureux, de l'humanité vers une civilisation de l'universel, à la recherche d'une qualité de vie plus grande à tous points de vue – bien que le résultat final puisse être exactement à l'opposé. Les hauts et les bas du progrès constituent une longue liste de conquêtes et d'échecs, de problèmes et de réalisations, de défis et d'opportunités, au milieu desquels l'espoir ne peut pas, ne doit pas, disparaître. Cependant, si nous mettons en relation la consommation insatiable, à l'échelle mondiale, et la croissance accélérée de la population, nous pouvons constater que l'impact de l'activité humaine sur la biosphère au cours de ce dernier siècle a été multiplié par 40, avec un produit mondial de 20 000 milliards de dollars environ. Si chaque pays dans le monde consommait autant que les pays les plus industrialisés, il faudrait environ deux cents fois plus de ressources minérales et à peu près dix fois plus de ressources en pétrole.

En dépit de cela, les disparités en matière de bien-être qui coupent le monde en deux sont immenses et ne cessent de croître ; la partie industrialisée du monde a accès à 75 % du produit mondial, avec à peine 15 % de la population totale, tandis que les autres vivent dans l'ignorance, la maladie et la faim, à la merci des éléments naturels. Nombre d'entre eux résident, d'ailleurs, dans le cœur même des grands entrepôts de la richesse. Les États-Unis, avec 5 % de la population mondiale, produisent 25 % du Produit mondial brut total (tout en consommant 25 % de l'énergie mondiale et en émettant 22 % du dioxyde de carbone total). Les cas de déséquilibre spectaculaire abondent à travers le monde, par exemple entre les pays de l'OCDE[31] et l'Afrique, entre l'Europe occidentale et l'Europe orientale, entre l'Amérique du Nord et l'Amérique du Sud, etc. On peut ainsi considérer que la pauvreté est la pire « pollution » mondiale. C'est pourquoi il n'est pas étonnant que l'on commence à observer des confrontations sociales croissantes à l'intérieur de nombreux pays aujourd'hui – et, dans l'avenir, de grands mouvements migratoires d'exilés économiques, si nous

31. OCDE : Organisation de coopération et de développement économiques. C'est une organisation internationale d'études économiques, qui compte 30 pays membres, principalement des pays développés d'Europe occidentale et centrale et d'Amérique du Nord. Le siège de l'OCDE est à Paris. (NDT)

n'arrivons pas à mettre fin au sous-développement sur le plan local et à réduire les tendances démographiques actuelles – ainsi que, de la part de certains, un rejet intransigeant et fanatique de toute modernisation en faveur de l'austérité.

Face à ces nouvelles réalités, qui peuvent dépasser les inventions de la science-fiction, notre vision du monde et l'état des choses doivent changer radicalement. Ainsi, il se pourrait que la plus grande menace pour notre survie puisse ne plus être le recours à la bombe atomique dans une conflagration à l'échelle mondiale (et cela d'autant plus que nous vivons dans une ère de trêve entre les superpuissances), ni l'instauration de régimes tyranniques gouvernés par des pouvoirs brutaux, mais que, à la place, ce soit la catastrophe mondiale relativement lente qui vienne tout recouvrir, cette catastrophe qu'est la destruction de la biosphère dont dépend notre vie.

En même temps que ces problèmes considérables, il y a, heureusement, de nombreux aspects positifs qui jouent un rôle dans le vaste panorama des problèmes du monde et qui permettent d'y faire face, ainsi qu'à d'autres défis. Il existe, au moins, une prise de conscience de plus en plus vive de l'interdépendance entre les différents pays et de la diffusion des phénomènes environnementaux dans l'ensemble du globe. Ce forum lui-même est un excellent exemple d'une nouvelle tendance mondiale. Bien qu'il y ait encore de la résistance, les pays les plus industrialisés commencent à admettre une certaine responsabilité environnementale mondiale, ainsi que leurs responsabilités à l'intérieur de leurs propres frontières, et les pays moins développés reconnaissent de plus en plus la menace que leur médiocre gestion, et les dommages qui en résultent pour leur propre héritage environnemental, représentent pour eux à moyen terme s'ils veulent accéder à un plus grand bien-être. À leur tour, les pays de l'Orient sont sérieusement préoccupés par l'impact environnemental de la forte pollution de leurs procédés industriels.

En outre, de nouvelles technologies et de nouveaux matériaux inspirent de grands espoirs, notamment depuis qu'ils commencent à être appréciés du point de vue de leur impact sur l'environnement, et les technologies qui augmentent le rendement des ressources énergétiques, des ressources naturelles et de la maîtrise de la pollution se diffusent systématiquement. Qui plus est, les perspectives d'accès à l'énergie nucléaire (bien que ce ne soit pas avant 2050) se sont améliorées ces derniers temps, ce qui devrait signifier une énergie abondante, relativement propre et bon marché.

On peut ajouter à cette liste d'aspects positifs, ce qui est encore plus important, les avancées progressives dans le droit national et international (bien qu'elles restent totalement insuffisantes) pour codifier les crimes écologiques. De même, il faut noter les évolutions institutionnelles tournées vers l'environnement, qui favorisent la recherche, la réglementation, les transferts technologiques, les compensations financières et les accords d'échange réciproque. Il y a aussi le lancement de politiques de développement environnemental afin de garantir un développement économiquement, socialement et humainement durable. Dans ce but, l'introduction et l'extension des programmes d'éducation environnementale dans les systèmes éducatifs et dans l'enseignement non formel[32] commencent heureusement à être prises en considération.

De toute manière, de multiples mesures doivent être prises dès que possible, en commençant par établir un inventaire mondial de l'héritage naturel actuellement disponible, ainsi que des processus de pollution et de dévastation qui opèrent en ce moment dans l'ensemble de la nature, sur terre, sur mer et dans les airs, sans oublier l'interaction progressive entre ces différents effets négatifs, qui ne peut être saisie par aucune vision partielle des choses. En tous cas, il

---

32. L'éducation non formelle est celle qui est donnée en dehors du cadre institutionnel scolaire, par exemple dans les familles, les associations, les organisations de jeunesse, etc.

faut promouvoir des politiques de développement environnemental, et un effort doit être fait pour réconcilier l'économie avec le langage et les concepts de l'écologie, et pour adopter une législation de défense de l'environnement et de conservation de la nature inspirée par les principes de la coopération internationale.

En résumé, l'accès à une connaissance de l'état actuel et des futures perspectives d'évolution de la biosphère, et l'étude de mesures présentes et futures viables pour la conservation efficace de la nature et le développement durable sont un devoir et un droit de la plus haute priorité et importance pour nous tous. L'actuelle confrontation suicidaire entre l'homme et la nature doit être transformée, dès que possible, en une relation harmonieuse.

La théorie

La Conférence des Nations unies sur l'environnement et le développement à Rio de Janeiro, en juin 1992, fut organisée autour du sujet le plus fondamental dont la communauté mondiale doive s'occuper de nos jours : comment réconcilier l'activité humaine, qui conduit au développement économique et social, avec les lois de la nature. À beaucoup d'égards, ce Sommet de la Terre fut un échec, et ce fut, en tout cas, une grande déception pour les espérances que les plus optimistes d'entre nous nourrissaient, quoique le simple fait qu'en fin de compte il se soit tenu ait été une surprise positive. La Déclaration de Rio reflète, du moins, le degré de consensus atteint à ce moment-là, un consensus pertinent sur une série de principes qui appellent à l'action, mais qui est loin d'arriver au niveau de la Charte de la Terre initialement prévue. Les accords sur le changement climatique et la biodiversité ont eu peu de retentissement, parce qu'ils n'avaient pas fixé d'objectifs précis ni de délais, et à cause de la réticence des États-Unis et de leur absence au moment de la signature. Ainsi, le programme Action 21[33] court toujours le risque de se transformer en morceau de papier sans valeur, faute d'engagements financiers suffisants : on estime à 625 milliards de dollars par an la somme nécessaire pour appliquer complètement les objectifs de ce programme Action 21. L'augmentation de 1, 3 milliards de dollars des moyens destinés au Fonds pour l'environnement mondial[34] devait être administrée par la Banque mondiale en coopération avec le PNUD[35] et l'UNEP[36], en plus des promesses relativement substantielles faites par le Japon pour atteindre un accroissement d'environ 4 milliards jusqu'en 1997, et par l'Allemagne qui affectait 0,7 % de son Produit national brut à la coopération technique pour le développement durable – objectif suggéré aux pays industrialisés. Il y a cependant eu peu de progrès depuis lors. Néanmoins, le plus important bond en avant sur le plan qualitatif fut l'adoption, par la Conférence, du principe et de l'objectif du développement durable, considéré comme indissolublement lié à la protection de l'humanité et de l'environnement, bien que le concept et la portée du développement durable n'aient pas été assez clairement définis ni sa viabilité clairement établie.

L'idée et la théorie du développement durable se sont répandues peu à peu à partir de 1969 environ, quand il devint évident que la croissance économique linéaire, restée presque incontestée jusqu'alors (Aurelio Peccei, *The Chasm Ahead*), n'était pas viable à longue échéance. Le rapport établi en 1972 par l'équipe du MIT (*Halte à la Croissance ?*), à la demande du

---

33. Le programme Action 21 (en anglais, *Agenda 21*) comporte environ 2 500 recommandations concernant les problématiques liées à la gestion des ressources et à la protection de la planète. Le programme Action 21 reste une référence pour la mise en œuvre du développement durable au niveau local et régional. (NDT)

34. Organisation financière internationale indépendante créée en 1991, le FEM accorde des prêts aux pays en voie de développement pour soutenir des projets qui favorisent l'environnement global. (NDT)

35. Programme des Nations unies pour le développement.

36. Programme des Nations unies pour l'environnement.

club de Rome, et le rapport ultérieur de 1987, par le Comité sur l'environnement et le développement des Nations unies (*Notre avenir à tous*), présidé par Mme Bruntland, contribuèrent de façon décisive à la diffusion de ce nouveau langage. Cependant, si l'on porte un regard rétrospectif à partir de la fin des années 1960, et en dépit des nouveaux objectifs supposés du développement économique, social et humain, par opposition à une simple croissance linéaire, on constate que les économies occidentales et celles des pays en voie de développement continuent de considérer, de façon obsessionnelle, la croissance linéaire comme leur modèle de base. Par conséquent, le danger qui nous menace maintenant, c'est de réduire le développement durable à un mythe et de continuer à masquer la croissance économique linéaire par de nouvelles expressions de bonne volonté.

Ainsi, la partie difficile à jouer maintenant consiste à fixer la bonne définition du développement durable et la stratégie correspondante indispensable de développement national pour passer à son application concrète. De plus, nous devons réussir à mobiliser la volonté politique de tous les gouvernements, en même temps qu'une participation démocratique active de tous les citoyens du monde.

Le développement durable promeut et réalise le plus grand bien-être matériel et social pour tous, en accord avec les aspirations spécifiques de chaque identité culturelle, tout en reconnaissant le grave devoir qui est le sien de ne pas mettre en danger les aspirations identiques des futures générations à habiter notre planète. Cependant, afin que nous réalisions cet objectif, on doit souligner que des stratégies tout à fait estimables, en vue du développement durable dans des espaces locaux et nationaux, ou même dans des espaces continentaux comme l'Europe, l'Amérique du Nord ou la Chine – aussi nécessaires et désirables soient-elles –, ne suffisent pas si elles sont séparées. Au contraire, le développement durable, tel que nous l'avons défini précédemment, exige une stratégie mondiale, un cadre partagé et, en conséquence, des mécanismes ou des institutions exerçant une autorité universelle, afin d'éviter tout excès, abus ou déséquilibre dans l'usage des ressources naturelles, ainsi que la pollution provenant de la production individuelle et agricole, la manipulation anarchique du commerce et des finances internationales, etc. Nous devons prendre en compte le fait que, considérés individuellement, les pays sont des unités qui disposent de quantités et de types très différents de ressources naturelles et humaines. En outre, chacun d'entre eux a atteint un niveau de développement très différent des autres, au cours de sa propre histoire. C'est pourquoi le développement durable mondial exige aussi que nous commencions par prendre en considération le stock mondial de ressources humaines et naturelles existantes, l'état de la pollution planétaire, toute forme d'industrialisation et tout développement agricole en cours, en plus d'autres rubriques, afin de mettre au point des stratégies mondiales, des objectifs et des limites ainsi que des quotas compensatoires mutuels, autant de critères à l'intérieur desquels chaque pays devrait alors agir.

La stratégie de développement national

Le seul moyen pour nous décider à changer le système socio-économique actuel, c'est d'admettre qu'il ne peut être maintenu et que, si nous continuons comme nous le faisons maintenant, alors nous allons droit à l'effondrement. Chaque société espère évidemment, par-dessus tout, assurer sa propre survie et atteindre aussi la plus grande qualité de vie. La tâche consiste à permettre à toutes les sociétés et régions du monde, c'est-à-dire au monde entier, de satisfaire des espoirs semblables et de commencer à les réaliser, sans que quiconque soit dans une situation pire qu'un autre, et sans mettre en danger les besoins et les attentes des habitants de demain de telle zone, nation ou grande région de la planète.
L'objectif du développement durable part de la situation actuelle. Il ressort de celle-ci que nous avons déjà dépassé les diverses limites que nous devrions nous être fixées à

nous-mêmes, notamment en ce qui concerne la pollution et le gaspillage des ressources. Mais, dans cette tentative, un facteur très important est la recherche d'une distribution équilibrée de la population dans les territoires, afin de permettre une qualité de vie durable et convenable pour le nombre d'habitants occupant chaque espace. Sur ce point, je voudrais dire que, aujourd'hui, comme hier et demain, l'évolution démographique devrait toujours être le produit de la liberté des consciences individuelles et de l'éducation, dans le cadre de principes de solidarité, et nous devrions éviter de manipuler la vie avec des politiques malthusiennes ou de procréation au service des intérêts économiques. C'est pourquoi il est vital, dans notre première approche du problème, de mettre au point une relation raisonnable entre chaque groupe humain et le système naturel qui le soutient (ce qu'on appelle la capacité du système).

En outre, le développement durable ne peut être atteint que si nous modifions le mode de vie dominant et nos habitudes consuméristes désordonnées, et si nous admettons que les paramètres du mode de vie qui est actuellement le plus répandu ne peuvent être conservés en l'état, et qu'ils ne sont pas ceux d'une qualité de vie méritant d'être défendue. Cela impliquera une métamorphose considérable du système actuel, une grande transition semblable à celle qui est survenue entre la révolution agricole et la révolution industrielle, au cours de laquelle nous devrons faire preuve d'humanité, et non chercher l'industrialisation à n'importe quel prix.

Dans cet esprit, les concepts économiques et écologiques doivent être réconciliés dès que possible, jusqu'à ce que nous puissions admettre pleinement que les dommages faits à l'environnement représentent une perte de capital, une perte de l'héritage naturel de chaque État, en même temps qu'ils entraînent un coût social élevé. Tout cela doit être pris en compte quand on fixe et perçoit les prix des marchandises et des services, et doit se refléter dans la comptabilité nationale. Pour toutes ces raisons, il est également essentiel que nous opposions un refus systématique

à la dissimulation, à la rétention et à la manipulation des données disponibles concernant l'usage des ressources et la pollution de l'air, de l'eau et du sol.
De tout cela, il peut et doit surgir la garantie d'une socio-économie verte et d'une qualité de vie qui, à un niveau convenable de bien-être matériel généralisé, non seulement couvre les besoins de base essentiels, mais veille aussi à l'équité dans les relations, admette les limites physiques existantes, reconnaisse les limites humaines (limites institutionnelles et limites des identités culturelles et des modèles sociaux) et encourage la consommation appropriée de produits recyclables, en évitant toute obsession de la consommation pour la consommation.
Ce sont les jeunes qui sont les mieux placés, en ce début du XXIe siècle, pour permettre à l'aube de cette nouvelle société de se lever – une nouvelle société qui assume ses droits et devoirs avec sagesse et esprit de solidarité. Cela implique, en effet, de la sagesse – par opposition à l'ignorance (que cette dernière soit véritable ou intéressée), le respect de l'Histoire et des valeurs essentielles – par opposition au matérialisme anticulturel, la recherche, la créativité et l'innovation – par opposition à la paresse et au pessimisme individuel ou collectif, la solidarité – par opposition à l'égoïsme consumériste à courte vue, la liberté individuelle – par opposition à ceux qui singent les vieux modèles dépassés, la participation individuelle responsable dans un cadre démocratique – par opposition aux démagogies opportunistes liées à des intérêts particuliers, la paix entre les nations et la paix entre l'humanité et la biosphère – par opposition à la violence et à la confrontation fratricide ou suicidaire.
Un leadership nouveau est également indispensable. Nous avons besoin de dirigeants qui créent de la richesse à partir de l'initiative privée et qui, tout en gérant leurs légitimes et justes profits, mais avec des déclarations de revenus claires, ne manqueront pas d'investir dans l'action politique avec des priorités qui soient de même globales et à long terme, dans l'intérêt de leur propre entreprise. À cet égard,

la gestion de l'entreprise privée n'a pas d'autre choix que de changer son paradigme pour viser bien au-delà de l'impact de son affaire sur son seul environnement immédiat, en adoptant une orientation éthique sociale, culturelle, écologique et mondialisée. La responsabilité sociale de l'entreprise, jointe aux innovations pour réduire les niveaux de pollutions de l'air, de l'eau et de la terre, n'est pas seulement une obligation éthique, mais c'est, de plus, la condition indispensable pour qu'elle devienne durable.

À cet égard, la doctrine de l'économie de marché, qui est aujourd'hui à la mode, contribue manifestement au développement économique et à l'innovation industrielle à court terme, mais l'application sans discernement de ses mécanismes, non seulement n'arrive pas à résoudre les graves problèmes humains, sociaux et environnementaux qui nous concernent tous, mais elle les aggrave, à moins qu'elle ne soit combinée à la recherche et à l'innovation technologique ainsi qu'à une vision très large et à une stratégie à long terme si elle veut traiter de la vaste interdépendance et de la complexité actuelle de chaque secteur. Ainsi, réaffirmer que la consommation et la demande en progression linéaire ont leurs limites ne devrait pas surprendre. Qui plus est, le concept de croissance économique illimitée est purement et simplement une aberration à moins que, par exemple, la population mondiale ne soit pas répartie en fonction de la capacité de chaque territoire, ou que la production d'énergie nucléaire trouve bientôt une solution industrielle, etc. Pendant ce temps, l'économie de marché, en y ajoutant tout ce qui ne contribue pas à un véritable développement durable, dénote du mépris pour la majorité des peuples et des personnes au seul profit de quelques-uns, surtout depuis que, de nos jours, la croissance économique équivaut à multiplier proportionnellement les besoins en énergie et en ressources matérielles, sans parler des changements environnementaux de mieux en mieux connus et, plus précisément le changement climatique, avec leurs répercussions, parmi d'autres, sur la santé. C'est une question que la République populaire de Chine doit considérer très sérieusement en ce moment très important qui est celui d'un développement potentiel explosif, avec toutes ses opportunités et ses défis. La Chine pourrait et devrait être un leader mondial, non seulement en fournissant une assistance pratique pour des stratégies de développement national dans le monde entier, mais surtout dans son propre intérêt à court et à moyen terme.

Le Programme des Nations unies pour le développement (PNUD) a déjà correctement souligné que la prévisible « clameur en faveur du développement durable n'est pas simplement un appel à la protection environnementale. Il implique aussi, en effet, un concept nouveau de croissance économique apportant justice et occasions favorables à tous les peuples du monde, et pas seulement à un petit nombre de privilégiés, et cela sans détruire davantage les ressources naturelles, en quantité limitée, du monde ou en risquant la capacité de charge de la Terre ».

Cependant, en dépit de ses contributions positives incontestables, les objectifs comme ceux adoptés par le protocole de Kyoto n'ont pas été aussi concluants qu'ils auraient dû l'être. Des ombres recouvrent plusieurs aspects des débats de la conférence, qui furent abordés à partir des positions trop souvent égoïstes des représentants d'États-nations dont les analyses des problèmes à l'échelle mondiale furent extrêmement partielles. Tout en faisant des présentations défensives de leurs propres actions, ils se bornèrent essentiellement à formuler des solutions à partir des seules perspectives de leur propre souveraineté, et l'égoïsme prévalut, comme cela fut le cas dans les contributions en moyens et en actions qu'ils offrirent pour trouver des solutions mondiales. En conséquence, ce sont principalement des sujets concernant l'environnement intérieur de chaque pays qui continuent d'être traités, comme les forêts et la biodiversité qui doivent être protégées à tel endroit, et aussi l'action que chaque pays peut et devrait mener pour contribuer à résoudre les problèmes à grande échelle, comme le changement climatique. Cependant, toutes les questions concernant notre héritage commun (nos « biens communs » à l'échelle mondiale) restent dramatiquement sans solution puisqu'ils échappent au mandat direct de chaque État. Ce sont notamment des sujets comme les océans et la biodiversité qu'ils abritent, les territoires polaires, la stratosphère, et le problème de la croissance équilibrée de la population mondiale, ainsi que la prévention des futures pandémies dues à des causes environnementales, etc. Le plus décevant reste le fait que les États-Unis n'aient pas encore accepté de signer le Protocole et d'honorer ses objectifs et ses engagements.

Par conséquent, la notion de développement durable reste utopique, ou non viable, à moins que nous n'introduisions au moins une part d'inventaire, une vision, une stratégie et des mécanismes pour une action supranationale qui s'ajoutent aux stratégies « pays par pays », et cela afin d'avoir une vision complète de la complexité réelle dans son ensemble. C'est là le point de départ indispensable pour toute tentative réelle avec des objectifs précis et des moyens adaptés, et cela est vital, si l'on veut déterminer la tendance de l'impact environnemental négatif de l'activité humaine dans les différentes régions du monde. C'est seulement en se fondant sur ces données que les quotas d'émission de pollution et les compensations par accord mutuel peuvent être fixés, au sein de mécanismes exerçant une autorité internationale, jusqu'à ce que nous puissions réaliser un développement mondial durable et harmonieux.

Jean Monnet[37] disait que « les pays souverains du passé ne pouvaient plus garantir leur propre progrès ni maîtriser leur propre avenir ». Aussi doivent-ils inexorablement se rabattre sur les communautés supranationales et traiter avec elles. Mais ce n'est là que la première phase, qui exige que l'autorité soit très rapidement déléguée, sur les questions de développement d'intérêt commun, à de nouvelles Nations unies rénovées par une coopération internationale. Dans ce qui est

---

37. Jean Monnet (1888-1979), homme politique français, un des principaux acteurs de l'unité européenne.

l'aberration actuelle, plusieurs éléments d'un ordre international sont pratiquement entre les mains du Groupe des Sept, ou Huit (G7/G8), ou plutôt, entre les mains de la superpuissance qui a gagné la guerre froide, au lieu d'un « G200 » – une Organisation des Nations unies pleinement mandatée et restructurée. La principale recommandation du Sommet de la Terre de 1992 fut la création, à un haut niveau, d'un Comité des Nations unies sur le développement durable. Mais, même s'il était constitué, son efficacité dépendrait de sa composition, de ses méthodes de travail, de son autorité et de son impact sur l'opinion publique.

Une base éthique est la clé d'une action sincère capable de durer. Mais l'éthique seule ne suffit pas. Les sujets environnementaux doivent être dépolitisés ; la spécialité du droit de l'environnement doit être institutionnalisée avec une législation étendue et encourageante ; on ne doit pas permettre à des mandats démocratiques, donc limités dans le temps, de déterminer des objectifs et des programmes à long terme. Cette affaire ne dépend pas seulement de la vision d'hommes et de femmes politiques qui veulent seulement jeter un coup d'œil sur les événements, mais surtout de responsables et de citoyens qui devraient exiger des solutions à long terme au lieu de réponses à court terme destinées à satisfaire nos aspirations égoïstes à un bien-être immédiat. Dans une telle perspective, des démocraties capables d'anticiper l'avenir représentent le prochain pas urgent à franchir, à supposer que des démocraties participatives soient déjà en place. Les médias jouent un rôle décisif en la matière. Ils portent donc une responsabilité corrélative. Ils ne doivent pas seulement informer, mais ils devraient aussi aider à stimuler et à motiver le public pour que celui-ci se renseigne et participe à l'action sur des sujets qui sont très souvent graves et pénibles.

La Conférence de Rio de Janeiro n'a pas adopté un code éthique de conduite, individuel et collectif, comme cela aurait été nécessaire pour inaugurer un âge nouveau d'affirmation de l'humanité, à la place de la culture du gaspillage, de la consommation sauvage et de l'égoïsme. La Conférence ne fut pas davantage explicite sur la priorité à donner à l'enseignement de l'environnement, dans tous les domaines et à tous les niveaux de l'apprentissage humain, bien que cela ait été dans l'esprit de beaucoup et ait servi de sujet de discussion à l'une des tables rondes auxquelles je fus invité. Ce que l'on a fait comprendre à tous, c'est que le quota de verbiage sur le sujet avait été atteint, et que le temps était venu pour une action de masse de tous – pauvres et riches, États et initiatives privées sur le même plan – en commençant par réaliser ce changement vital dans le mode de vie de chacun et instiller une sensibilité nouvelle à l'environnement.

Le Sommet de la Terre représenta un grand pas, positif et nécessaire, mais il ne fut en aucune manière suffisant pour garantir la survie de l'espèce humaine sur une planète dont la biosphère est mise en pièces à un rythme rapide. On doit espérer que, à partir de maintenant, tous les pays vont susciter un puissant changement, avec des mesures efficaces et la participation de chaque État dans le cadre d'une coordination internationale croissante.

En conséquence, les États-nations souverains vont avoir besoin de formules supranationales afin de survivre dans un monde qui va progressivement devenir interdépendant dans tous les domaines. Un nouvel ordre international peut et devrait naître à partir d'une collaboration de tous les pays, au cœur des Nations unies – un ordre qui soit indépendant de toute puissance hégémonique. Ces nouvelles Nations unies, qui devraient plutôt être l'Organisation pour l'Union des nations (si souvent désunies !) ou, plutôt, encore, des Peuples, doivent réussir à s'impliquer, au nom de tous les peuples et nations, dans les prétendus « affaires intérieures » des pays, quand elles affectent gravement les droits de l'homme et le plus grand bien général, à la fois, de l'humanité et de la biosphère.

En ce moment, nous sommes confrontés à la nécessité d'une grande révolution humaine de l'éducation et de la culture. Nous devons passer de la conception de l'homme comme conquérant et exploitant de la nature à la conception de l'homme comme administrateur de la nature sur des bases viables et durables. Mais cela comporte non seulement des aspects intellectuels et éthiques, mais aussi que soit remaniés les intérêts spécifiques des structures de pouvoir à tous les niveaux. L'action qui doit être engagée ne dépend pas seulement de notre niveau de connaissance, mais aussi de la structure de pouvoir, des idées politiques et des intérêts privés. C'est pourquoi il est essentiel de développer le savoir, l'éducation et la participation publique effective. Nous devons essayer de créer une nouvelle conscience humaine, une structure éthique pour la survie et le progrès durable, en prenant le meilleur de la sagesse de tous les peuples du monde. Cela devrait refléter les droits des générations futures et les droits des gens qui sont dans le besoin aujourd'hui, les droits aussi de tous les autres êtres vivants, en affirmant notre respect pour la biosphère de laquelle dépend notre existence.

Dans notre monde, il y a fondamentalement deux sortes de gens : ceux qui dressent des murs contre la coopération et ceux qui construisent des ponts en faveur de la solidarité. Ceux qui dressent des murs sont les envieux, les racistes, les égoïstes, les gens arrogants et ceux qui ne peuvent renoncer à leurs ressentiments et à leurs rancœurs. De tels gens sont sources de peine, de discrimination, de pauvreté, de violence et de guerre.

Les bâtisseurs de ponts sont des personnes qui font preuve de bienveillance (à l'égard de l'humanité et de la nature), d'esprit de pardon, de tolérance, de justice, qui agissent pour le développement durable et la paix. Sans eux, notre monde cesserait d'exister.

Espérons que, tous ensemble, nous réussirons à construire un monde meilleur.

Dr Ricardo Díez-Hochleitner
15 juillet 2005, Madrid

Remarques finales du Dr Ricardo Díez-Hochleitner à la séance de clôture du Forum du XXIe siècle, au nom de la Commission 4

La Commission 4 sur l'utilisation efficace et judicieuse des ressources naturelles a traité ces questions pendant deux sessions enrichissantes, le 6 septembre 2005. Les débats ont été directement inspirés par l'esprit de compréhension mutuelle, la volonté de coopération et la pleine conscience des graves défis comme des opportunités qui existent dans le monde. Tel a été aussi l'esprit qui – à mon avis – a présidé constamment aux travaux du Forum du XXIe siècle depuis sa séance d'ouverture.

Les dirigeants chinois, officiels gouvernementaux, intellectuels et experts, de même que les dirigeants et participants étrangers, ont parlé librement et ouvertement des problèmes croissants qui sont ceux du présent et de l'avenir proche. Ils se sont intéressés plus particulièrement aux besoins en ressources naturelles et en énergie, celles qui sont nécessaires pour surmonter les dangers que comporte la croissance économique à venir et la crise sociale qu'elle contient en germe. Ils ont considéré ces problèmes en se plaçant du point de vue de chacun des pays et dans leurs relations entre eux, en particulier entre la Chine et le reste du monde, du fait de la croissance de sa population et de celle de ses besoins correspondants. La commission 4 a passé en revue la situation actuelle et les futures évolutions des ressources nécessaires et des réserves potentielles, à la fois du point de vue des hauts fonctionnaires et des experts chinois et de celui des principaux États de la région asiatique – dont les pays de l'ASEAN, le Japon et l'Australie –, en plus de ceux des pays occidentaux et des représentants des organisations internationales, l'Unesco, le PNUD, l'Union européenne, la Banque asiatique, la Banque mondiale, etc.

Cependant, le débat a montré que l'Occident – c'est-à-dire l'Union européenne, les États-Unis, et l'Amérique latine – parle différents langages sur les politiques à mener. En contrepartie, les sentiments de solidarité et d'amitié de la part de la majorité des peuples découlent, eux, d'une prise de conscience accrue de notre avenir commun, avec l'extension planétaire de l'impact humain sur la nature, la crise mondiale potentielle de l'énergie, la pollution, et le changement climatique, etc... Tous ces facteurs ne peuvent être surmontés que par des stratégies globales et des actions locales concertées.

Avec le Forum du XXIe siècle, la Chine franchit un pas en avant très important dans l'analyse des problèmes les plus cruciaux et dans l'examen des solutions alternatives, des modèles économiques et des stratégies de mise à exécution – en croisant, par exemple, la croissance de la population et le développement urbain avec les bas niveaux de développement ruraux, les énergies alternatives et les rendements énergétiques, etc.

La deuxième séance de la commission 4 a fourni une information abondante, concrète et consistante sur la situation actuelle et à venir de l'agriculture, de l'alimentation et des approvisionnements en eau, en Chine, ainsi que sur l'importance des réserves géologiques nationales et leurs limites (pétrole principalement). Par ailleurs, les observateurs étrangers ont montré l'existence de sources alternatives d'énergie considérables (par exemple les énergies solaire et éolienne, ou, à long terme, l'énergie nucléaire), en plus de nouvelles voies de développement viable que la Chine pourrait choisir d'adopter, notamment en établissant des accords de partenariat et des programmes de coopération avec des entreprises étrangères, des gouvernements ou des entités supranationales. Dans cette perspective, il est indispensable qu'une éducation et une formation actualisées à tous les niveaux fassent l'objet d'une diffusion large et d'un soutien général et soient considérées comme la première des priorités.

La Chine ne doit pas être considérée comme le « mauvais garçon » ou comme une « menace » par quiconque, à cause de son formidable développement endogène et des besoins croissants qui l'accompagnent. Au contraire, la Chine mérite, aujourd'hui comme jamais auparavant, toute la compréhension, l'admiration et la coopération que l'on peut offrir en bâtissant un nouvel ordre fait de paix et de bien-être, afin de vaincre les disparités majeures, la pauvreté et la violence dans le monde entier.

Les relations entre la Chine et la plupart des pays hautement industrialisés sont encore entourées d'ambiguïté. Trop de gens sont de plus en plus préoccupés par l'expansion rapide du commerce extérieur de la Chine et par sa demande croissante de pétrole et d'autres ressources naturelles, tout en oubliant que les pays les plus industrialisés de la planète consomment actuellement plus de 75 % des ressources naturelles totales au profit de 15 % de la population mondiale seulement. Par conséquent, l'essor de la Chine, comme celui de l'Inde et, maintenant, du Brésil, va bientôt provoquer une remise en ordre majeure du système international, y compris dans l'évolution du commerce international des ressources naturelles, à la suite de sa croissance économique et financière globale. L'Europe, l'Amérique latine et les États-Unis doivent négocier et coopérer avec elle comme des partenaires indépendants et égaux.

Par bonheur, la Chine a toujours témoigné d'une prudente approche des affaires internationales (bien qu'elle ait souffert du colonialisme auparavant), faisant preuve de patience et procédant à des études minutieuses avant d'agir, et cela en accord avec sa culture millénaire et toute la sagesse qui en est issue.

Ce que nous avons tous besoin d'obtenir maintenant, dès que possible, c'est un partenariat pour un développement stratégique en faveur d'un nouvel ordre mondial globalement satisfaisant, destiné à réaliser l'aspiration universelle à la paix, au progrès et au développement durable.

7 septembre 2005, Pékin

ANNEXE 3

Déclaration à l'Assemblée générale de l'Académie mondiale de l'art et des sciences

Discours prononcé par le Dr Ricardo Díez-Hochleitner, président honoraire du club de Rome à l'Assemblée générale de l'Académie mondiale des arts et des sciences, Zagreb (Croatie), 19 novembre 2005.

Cher président de l'Académie mondiale,
Chers collègues, Mesdames et Messieurs,

Notre but devrait être de répandre l'éducation au service de la paix, afin de vivre dans une démocratie harmonieuse et dans la liberté, et de réaliser, en outre, un développement mondial durable, inspiré par les valeurs éthiques dont nous avons régulièrement témoigné dans nos vies.

La violence existe, malheureusement, et pas seulement dans les temps de grande conflagration et de crise. La violence est, et a toujours été, une part de chaque société. En outre, au nombre des conditions qui favorisent une culture de violence, figurent la pauvreté, l'ignorance et l'égoïsme, tous largement répandus dans le monde entier.

Dans le passé, les puissants considéraient la conquête par la force des armes comme le chemin le plus court pour s'assurer de futurs avantages matériels. Et pourtant, la leçon que l'on peut retenir de l'Histoire, c'est que la guerre a toujours été le vecteur de calamités infinies, apportant beaucoup plus de sacrifices et d'afflictions que les compensations offertes par d'éventuels profits matériels. On peut en conclure que la coexistence et la paix dans la démocratie constituent la manière la plus sûre, le terrain le plus solide, pour promouvoir de nouvelles voies vers le développement. Ce qui est certain, c'est que le développement véritable ne sera pas possible tant que la paix ne prévaudra pas dans le monde entier.

Pourtant, la paix dans le monde continue d'être précaire, trop souvent rompue par de graves conflits de nature et d'importance variées, dans lesquels des dizaines de pays dans le monde sont impliqués. Dans le même temps, la violence terroriste se répand et menace de bouleverser l'équilibre délicat des gouvernements au pouvoir dans plusieurs pays. Elle s'oppose dès lors à l'objectif de la paix mondiale. Les préjugés, la discrimination, la haine, la xénophobie, l'égoïsme et les représentations culturelles erronées, profondément enracinées, sont à la base de la plupart des conflits et ils expliquent l'absence ou le manque de démocratie harmonieuse parmi les peuples de cette planète. De toute façon, les collectivités qui vivent dans le respect mutuel – un préalable essentiel à la paix – ne pourront subsister de façon effective, ni être viables dans la longue durée, si l'on cherche à les contraindre par la force, sans faire appel à la solidarité mutuelle, à la tolérance et à la justice. Il faut faire l'effort de connaître et de comprendre les autres, en commençant par leurs convictions religieuses, culturelles et politiques respectives. C'est la seule manière d'être véritablement tolérant – ou, mieux, d'avoir du respect pour tous les êtres humains – et de pratiquer le dialogue qui est au fondement de la justice, de la coopération et de la paix. Sinon, refuser d'accepter le dialogue équivaut à refuser notre qualité d'êtres humains.

La paix active et générale parmi tous les habitants du monde, sur la base d'un dialogue constructif, est indispensable au développement durable qui, lui-même, est nécessaire pour vivre dans la plénitude spirituelle et matérielle. Telle est la condition requise pour que les êtres humains bénéficient du bien-être et du bonheur, et pour que l'humanité et la nature vivent en harmonie.

En effet, la paix est le meilleur argument pour la seule bataille qui vaut la peine d'être menée par chaque génération et par chaque peuple : la bataille pour le développement culturel, social et économique ou, en d'autres termes, pour le progrès spirituel et matériel dans la liberté et dans la justice.

On explique généralement l'instabilité actuelle en termes géopolitiques en faisant référence à toutes sortes de *raisons d'État*, mais ces raisons sont souvent inspirées par une ambition sous-jacente dont le but est d'exercer une domination idéologique, économique et militaire, confortée par la fierté nationale et une incompréhension profonde. Un tel manque de compréhension fleurit là où fait défaut un solide dialogue interculturel et interconfessionnel, tel celui que le club de Rome a si ardemment défendu. Ce dialogue est nécessaire pour faciliter une analyse sérieuse et une interprétation correcte des informations disponibles. Ajoutez à cela l'égoïsme matérialiste et la crise économique et financière. Il n'est pas étonnant, dans ces conditions, qu'il manque un leadership sincèrement engagé au service de la paix, cet objectif proclamé en vain, et, dans le même temps, souillé et rabaissé.

Peu de temps avant sa mort, Aurelio Peccei, mon ami inoubliable et très admiré, fondateur du club de Rome, écrivait : « Inventer un meilleur avenir, c'est inventer une meilleure manière d'être afin de pouvoir survivre et progresser [...]. Tout est à repenser. Seul un nouveau type d'humanisme peut opérer ce quasi-miracle : en provoquant, dans l'humanité, la renaissance des valeurs spirituelles, de l'intérieur, [...], c'est-à-dire, en d'autres termes, une véritable révolution humaine. »

Bref, le début de ce nouveau siècle et de ce nouveau millénaire pourrait bien ouvrir la voie à une renaissance de l'humanisme, et à la naissance d'une nouvelle ère de coexistence démocratique générale et de paix mondiale. Mais, pour répondre avec succès à un défi aussi énorme, il est indispensable d'avoir, tout d'abord, pleinement conscience des dimensions exactes de la situation actuelle et des risques sérieux qu'elle comporte, puis d'agir dès que possible avec détermination et vigueur pour mobiliser la volonté politique et la créativité nécessaires en vue de réaliser ce type de développement, et cela dans une paix entretenue grâce à une éducation efficace au service de la paix.

Mesdames et Messieurs,

Je voudrais encore insister pour dire que le monde, en ces premières années du troisième millénaire, continue d'être imprégné par un sentiment d'insécurité et d'anxiété, qui recoupe des questions aussi évidentes que celles de la loi et de l'ordre, du terrorisme et des luttes pour le pouvoir, mais auxquelles il convient d'ajouter la montée honteuse et scandaleuse de l'extrême pauvreté dans certains pays et même sur des continents entiers. Et ce sentiment est renforcé par les crises économiques et financières, par les bulles technologiques, par la grave détérioration, toujours plus rapide, de l'environnement, et par le conflit entre les cultures et les croyances. Dans le même temps, le relativisme moral qui prévaut dans nos sociétés dénote une contradiction entre les valeurs et les idéologies fréquemment affichées à haute voix et les attitudes réelles à l'égard de ces problèmes et de ces défis.
Dans le vaste panorama de ce que le club de Rome qualifie de « problématique du monde », la paix est assurément l'objectif le plus précieux. Cependant, il n'est pas très original de noter que la défense et la sécurité ne se limitent plus à la seule dimension militaire, quand bien même celle-ci reste essentielle, car elles doivent toujours être de nature globale et intégrer la défense civile, la défense de l'économie et la défense de l'environnement, y compris la

défense de la qualité de l'alimentation, de l'eau et de la santé. À cet effet, la coopération et le consensus au sein de la communauté internationale constituent toujours un cadre indispensable.

Mesdames et Messieurs, chers collègues,

Nous, citoyens du monde, nous avons donc besoin d'une grande révolution humaine, non seulement pour vaincre toutes les formes de violence, mais également pour réduire la pauvreté matérielle, aussi bien que culturelle et morale, grâce à l'éducation, à la science et à la culture. Une telle révolution comporte, par conséquent, non seulement des aspects intellectuels et moraux, mais aussi une connaissance des intérêts en jeu à tous les niveaux des structures du pouvoir politique et économique. Nous devons tenter de bâtir une nouvelle conscience humaine, un cadre éthique, pour assurer notre survie et le progrès durable, en tirant profit de la sagesse de tous les peuples et cultures du monde afin d'apporter une éducation qui aille dans le sens d'une vie collective démocratique.
Cependant, sans des changements dans la société, l'éducation ne peut pas, à elle seule, résoudre toutes les causes de conflit. L'esprit le plus puissant ne peut l'emporter sur un corps affamé. Les meilleures leçons d'égalité et de respect ne peuvent, à elles seules, effacer une culture d'abus et de mauvais traitements. L'éducation est, toutefois, le moyen le plus puissant à notre disposition pour éteindre les appels à la violence.
L'éducation apprend à vivre et à triompher de la pauvreté. Mais l'éducation parle heureusement d'autre chose, et bien plus, que de dollars et d'euros : elle parle de valeurs, elle apprend à vivre, et à vivre pour apprendre (tel l'enseignement permanent, tout au long de la vie). L'éducation est acquisition de connaissances et c'est aussi un égalisateur social et, par là, la condition indispensable d'une démocratie participative et anticipatrice. Montesquieu a déjà dit que

la tyrannie fleurit là où l'ignorance prospère. La démocratie, écrivait-il, exige une population éduquée. L'éducation offre les moyens d'instaurer une politique de gouvernance participative et anticipatrice, et aussi d'éliminer les formes de répression et d'asservissement de toutes sortes.

Par conséquent, l'éducation est aussi une force morale. C'est une manière d'enseigner et d'apprendre la tolérance et le respect. Depuis l'époque du dialogue socratique, l'éducation est un acte social qui implique un échange, pas seulement d'information, mais d'idées, de concepts et de valeurs. L'éducation est un privilège. C'est pourquoi ceux qui y ont accès doivent accepter certaines responsabilités. L'éducation nous permet de comprendre notre propre identité et elle doit être accompagnée d'une reconnaissance des besoins des autres. Enfin, l'éducation est découverte de la vérité et de la beauté, qui, une fois acquise, devient, pour tous, un moteur et une source de motivation.

En langue masai[38], le mot employé pour désigner la paix est le même que celui utilisé pour la beauté. Le lien entre ces deux termes livre un important message subliminal. Sans paix, il ne peut y avoir de beauté. Les mots dont nous nous servons pour décrire n'importe quel concept révèlent notre système de valeur inconscient. Il y a vraiment beaucoup de gens qui considèrent que ce qui est faible et doux n'est pas un trait positif, tandis que ce qui est fort est jugé valable et, comme tel, apprécié. Nous apprenons à nos enfants à avoir de l'estime pour les attributs mêmes du caractère belliqueux. Il n'est jusqu'à la vérité et la beauté qui ne dérangent. Elles ne sont pas scientifiquement mesurables. Elles sont perçues comme des réalités distinctes et leur caractère noble est mis en doute en raison de leur nature insaisissable. Trop souvent, les poètes et les enseignants eux-mêmes sont sous-estimés et considérés avec une certaine suspicion, à cause de leur langage.

---

38. Les Masaï sont un peuple d'éleveurs et de nomades du Kenya et de la Tanzanie.

Depuis la Renaissance, il y a eu d'admirables projets de création de langues internationales. Encore aujourd'hui, l'espéranto garde son attrait aux yeux de certains. Nous n'avons pas besoin d'une langue internationale pour remplacer toutes les autres. Nous n'avons pas besoin de choisir une langue mondiale unique : nous en avons déjà une, insurpassable, à savoir l'écriture ou l'exécution musicales. Nous avons seulement besoin d'étudier d'autres langues, afin de gagner en sensibilité et de mieux comprendre les autres cultures. En fait, nous avons surtout besoin de faire attention aux mots que nous choisissons d'utiliser, dans quelque langue que ce soit, car la plume est assurément plus puissante que l'épée. Mettons donc la plume au service de la cause de la paix.

Dans un autre ordre d'idées, nous voyons, de nos jours, toutes les choses de façon cloisonnée. Cela influence notre manière de pensée, et c'est souvent la cause de la violente réaction du local presque à chaque rencontre avec le global. Cette manière fragmentée de penser a des conséquences sur la manière dont nous voyons le monde. Nous parlons hardiment du global, mais nous sommes incapables de penser vraiment globalement. Par exemple, nous parlons régulièrement de mondialiser les programmes scolaires. Cela consiste généralement à ajouter quelques textes d'auteurs d'autres pays. Toutes les fois que les universités parlent d'internationaliser leurs campus, cela signifie habituellement qu'elles créent des programmes d'échanges. C'est évidemment très louable. Mais un programme vraiment mondialisé, fondé sur nouveau mode de penser, serait entièrement différent. Ce serait une approche des textes, des idées et des problèmes qui inverserait le processus logique de Descartes. Je m'explique : cette approche commencerait par la synthèse et appliquerait une logique universelle à l'analyse des questions. Au lieu de prendre le particulier comme point de départ et les préoccupations locales comme conclusion, un agenda global devrait commencer par l'humanité, c'est-à-dire l'ensemble des citoyens du monde, ainsi que par l'idée d'une paix globale.

Chers amis,

Thomas Hardy[39] a écrit que « la guerre fait retentir la grande Histoire, mais que la paix fait une piètre lecture »[40], et Ambrose Bierce disait que « la paix, dans les affaires internationales, est, le plus souvent, une période de duperie entre deux périodes de combats »[41]. Si nous prenons en considération ces remarques pénétrantes, et que nous voulons promouvoir la paix et non pas la violence, nous devrions, au contraire, réécrire l'Histoire comme une histoire de la paix brutalement interrompue par la guerre. Nous avons besoin de remplacer la glorification de la guerre par celle de la paix. Il nous faut identifier les héros du pacifisme et remplacer la célébration du militarisme par celle de la non-violence. En réalité, savons-nous seulement qui furent les architectes de la paix dans le passé ? Nous connaissons les noms des généraux qui ont remporté des batailles décisives, mais rarement les signataires des accords de paix. Les Nations unies seraient donc bien avisées de publier, si on le leur demandait, une histoire de la paix : une nouvelle histoire mondiale dans laquelle les artisans de la paix seraient célébrés comme des héros, et des héroïnes.
De nombreuses publications, pendant les célébrations du dernier centenaire, comportaient de longues pages pour chaque année du xxe siècle. Sur chaque page figurait une litanie de désastres, les désastres naturels et ceux que nous avons causés, nous les êtres humains. La seule exception était la marche sur la Lune de l'astronaute américain. Pourtant, ce type de publication aurait pu et dû, tout aussi bien, établir une liste des succès de l'humanité : les réussites scientifiques, les exploits d'ingénierie, les créations et les performances

39. Thomas Hardy (1840-1928), romancier et poète britannique.
40. Thomas Hardy, *The Dynasts*, trois volumes (1904, 1906 et 1908) qui traitent, sous la forme d'un drame, de Napoléon et des guerres napoléoniennes.
41. Ambrose Bierce (1842-vers 1914), écrivain et journaliste américain, surtout connu pour son humour noir.

artistiques, les architectures de rêve qui ont été réalisées, les maladies qui ont été éradiquées. Voltaire, dans une réflexion sur l'Histoire, disait que tout ce qui resterait de son siècle, ce seraient les créations scientifiques et artistiques. Cela aurait certainement fait un excellent héritage pour la génération suivante. Le siècle dernier nous a laissé de nouvelles découvertes et de grandes réussites que nous devrions célébrer. Cela ne veut pas dire, pour autant, que nous devrions oublier les contributions de ceux qui ont combattu pour la liberté et la démocratie. Nous devrions cependant utiliser l'Histoire comme une leçon et essayer d'instiller dans l'esprit et le cœur de chaque élève la détermination nécessaire pour empêcher que la guerre ne se reproduise.

Les écoles sont un miroir de la société, mais la société de demain sera un miroir de nos écoles d'aujourd'hui. Si nous pouvons changer le système d'éducation, nous pouvons changer le monde. Nous pouvons améliorer les perspectives de paix. Nous pouvons créer une ambiance dans laquelle le respect, la tolérance et la générosité de l'esprit seront acceptés comme des buts recherchés, au même titre que l'amélioration de la situation économique de l'individu et de la société.

Il nous faut adopter dès que possible une nouvelle matrice éducative audacieuse. Il ne s'agit pas là d'une petite expérience, mais d'une révolution majeure dans les conditions de l'enseignement et de l'acquisition des connaissances. Les moyens à utiliser pour y arriver exigeront un engagement international et le recours à la technologie pour briser les barrières du temps, de l'espace, de l'économie et de la culture, qui séparent les peuples. Le recours à la technologie représentera un investissement important. Ce ne sera pourtant pas le principal obstacle. Tout un chacun verra l'intérêt à retirer de l'équipement des écoles et des élèves dans le monde entier, qu'il s'agisse des pays riches ou pauvres. Les commerçants comme les consommateurs, les capitalistes comme les gauchistes, apporteront leur soutien à ce développement-là. Ainsi, les moyens du changement seront disponibles.

Le véritable problème sera de créer le désir de changement, étant entendu que tout un chacun, chaque individu, chaque groupe culturel, chaque nation, a implicitement conscience du pouvoir de l'éducation. Personne ne souhaite renoncer au contrôle de cette source de pouvoir économique et politique : chaque quartier veut le contrôle de son école. Chaque groupe linguistique et culturel veut créer son propre environnement propice aux études. Les provinces veulent contrôler le système scolaire, et les gouvernements nationaux ne manquent jamais de placer l'éducation dans leurs programmes nationaux.
Aucun programme international ou mondial n'apparaît jamais sur nos écrans radar, sauf quand l'Unesco, l'OCDE, le PNUD et la Banque mondiale publient des statistiques comparatives qui démontrent que nos étudiants ont satisfait, exceptionnellement bien, ou très médiocrement, à des tests, en comparaison avec d'autres étudiants dans le monde. Tel a été le cas, très récemment, avec le rapport PISA[42] de l'OCDE, dans lequel l'intérêt des observateurs n'est pas global, mais autocentré. Nous voulons que les nôtres rivalisent en position favorable. Nous voulons en fait que nos propres enfants aient les meilleurs emplois et un revenu en conséquence.

Afin qu'un programme mondial d'éducation réussisse aujourd'hui, le rôle de l'éducation et des éducateurs doit être à nouveau apprécié à sa juste valeur. Pour commencer, nous devons respecter les enseignants, afin que les élèves respectent le savoir et les valeurs qu'ils essaient de transmettre. Il y a des pays où les enseignants ne peuvent gagner leur vie en enseignant. Ils doivent trouver un second travail qui leur apporte un complément de revenu pour survivre. Dans d'autres pays, les professeurs d'université doivent enseigner

---

42. PISA : Programme for International Student Assessment (« Programme pour l'évaluation internationale des étudiant »). Cet organisme a fait subir les mêmes tests à des élèves âgés de quinze ans dans 43 pays (en 2000), 41 pays (en 2003) et 57 pays (en 2006) sur des échantillons de 4 500 à 10 000 élèves par pays.

dans plusieurs universités ou faire des petits boulots pour essayer de joindre les deux bouts. Cela élimine la possibilité de faire de la recherche. Comment peut-on alors évaluer les idées qui n'ont pas encore été examinées, les découvertes et les inventions qui n'ont pas encore été mises au service de l'humanité ? Dans les pays qui peuvent s'offrir ce qu'il y a de mieux, l'éducation continue à subir des dommages. Il faut qu'il y ait une reconnaissance internationale de l'importance de l'éducation et de la signification du rôle de l'enseignant. C'est dans l'intérêt de chaque citoyen vivant sur notre planète comme de chaque citoyen du monde.

Toutes les écoles devraient toujours être des îlots de paix, des espaces dans lesquelles respect et partage seraient la règle. Tous les programmes devraient inclure au moins une seconde langue et l'étude des cultures du monde. Chaque cursus devrait inclure des ouvrages dans lesquels la culture du lecteur est exposée au regard critique d'une autre culture. Chaque élève devrait apprendre à se voir dans le regard des autres.

On devrait désigner un groupe de réflexion international, afin de réimaginer et reformuler la manière d'enseigner et d'apprendre pour créer un programme vraiment mondial, car ce que les gens désirent le plus aujourd'hui, c'est une vision d'ensemble. L'école devrait être le point central à partir duquel rayonnerait une telle vision. Chaquc action, chaque pensée devrait être au service d'une vision du monde d'où la violence, l'intolérance et l'égoïsme seraient bannis.

À mon avis, l'éducation à la paix n'est pas un rêve utopique. Au contraire, c'est une possibilité qui ne dépend pas d'une seule action, d'un seul lieu, d'une seule école, ni d'un seul maître. Elle peut devenir réalité dans toutes les communautés humaines et dans toutes les écoles. La création de valeurs et de certitudes morales ne dépend pas des lois ou des règlements, mais d'un formidable continuum de petites actions qui, combinées avec la volonté humaine, peuvent et doivent réussir. Le mur de Berlin s'est effondré sous le poids de la volonté d'un peuple. Il n'y a rien de plus puissant que la volonté humaine. Une telle volonté doit maintenant être employée à démolir les murs plutôt qu'à les construire, à ranger les armes au musée plutôt qu'à planter des mines terrestres.

L'éducation n'a pas lieu seulement à l'école ou sur un campus, ni uniquement de 9 heures du matin à 5 heures de l'après-midi. L'éducation intervient chaque jour, toute la journée. Chacun d'entre nous est un éducateur, souvent sans le vouloir. Chacun d'entre nous est un bon ou un mauvais modèle. L'éducation ne relève pas seulement de la responsabilité des enseignants ou des parents. C'est la responsabilité de chaque citoyen et elle doit être partagée par tous. Cela signifie que tout projet éducatif doit rayonner bien au-delà de la salle de classe. Ce doit être un plan de vie appelé à devenir un plan pour l'avenir de la vie sur Terre.

Totalement inclusive, c'est-à-dire ouverte à tous, cette nouvelle vision mondiale favorisera la grandeur de l'esprit humain dans son aptitude à s'élever et fera de chacun d'entre nous les architectes d'un aspect du futur. Chaque individu a de l'importance pour prendre en charge la responsabilité de chacun à l'égard des autres, de chacun à l'égard de la nature, de chacun à l'égard du futur. Nos noms figureront dans les pages d'histoire, chargés de honte ou d'honneur, selon que nous aurons, ou non, accompli notre devoir.

Chers amis,

Permettez-moi, pour terminer, de citer Samuel Grafton : « Si, par une nuit étoilée, nous prenons la pièce de monnaie la plus petite dans notre main et que nous la tenons devant nos yeux, nous cacherons effectivement la moitié de l'univers. »[43] Les obstacles à une nouvelle renaissance de

---

43. Il s'agit d'une citation adaptée, dont le sens est identique. La citation d'origine, qui est souvent citée, est la suivante : « Un penny peut cacher la plus grosse étoile de l'univers si nous la tenons assez près de nos yeux. » L'auteur, Samuel Grafton était, en 1939, journaliste au *New York Post*. (NDT)

l'humanité, à une relation harmonieuse entre l'humanité et la nature comme à un nouvel humanisme mondial, semblent en vérité insignifiants. Nous devons ôter les œillères de nos yeux et investir plutôt nos pièces de monnaie dans nos enfants (ou petits-enfants) pour embrasser une vision plus large tout en bâtissant un avenir meilleur pour tous. Tel devrait être le message de notre Académie mondiale dans le monde entier !

Merci.

Madrid, novembre 2005

Glossaire

ADENAUER, KONRAD HERMANN JOSEF (1876-1967) : homme d'État allemand, emprisonné à deux reprises par les Nazis pendant la Seconde Guerre mondiale. Premier chancelier de la République fédérale d'Allemagne (1949-1963).

BERGSON, HENRI LOUIS (1859-1941) : philosophe et diplomate français. Membre de l'Académie française (1914). Prix Nobel de littérature (1927). Grand-Croix de la Légion d'honneur (1930).

BETANCUR, BELISARIO (NÉ EN 1923) : homme d'Etat colombien. Ancien président de la République de Colombie (1982-1986). Vice-président du club de Rome pour l'Amérique latine. Durant son mandat, il engagea des pourparlers de paix avec plusieurs groupes de guérilla colombiens et lança unc croisade contre la drogue.

CÉRÉMONIE DANS LES AIRS : c'est la deuxième des trois assemblées décrites dans le Sûtra du Lotus, où tous les êtres rassemblés sont élevés dans les airs au-dessus du sol. C'est une expression de l'aspect véritable de la vie que le Bouddha a réalisé.

CHARTE DE LA TERRE : la Charte de la Terre (ou Déclaration de Rio sur l'environnement et le développement) pose en vingt-sept principes les objectifs et les grandes lignes de ce que devrait être le monde futur. C'est un accord international sur les principes fondamentaux nécessaires pour bâtir une société juste, durable et pacifique au XXIe siècle. Elle a été ratifiée par plus de 2 400 organisations, y compris des institutions mondiales comme l'Unesco et l'Union internationale pour la conservation de la nature.

CHEVALIER GRAND-CROIX DE RIZAL : l'Ordre des chevaliers de Rizal, aux Philippines, honore ceux qui agissent dans l'esprit de José Rizal (1861-1896), le héros national de l'indépendance philippine.

CHOU EN-LAI, OU ZHOU EN-LAI (1898-1976) : Premier ministre chinois (1946-1976). Il exerça la direction de l'administration du pays et des Affaires étrangères, lors de la fondation de la République populaire de Chine. Grand diplomate, parlant plusieurs langues, il joua un rôle décisif dans l'ouverture de la Chine et l'organisation de la transition économique à partir des années 1980. Il a contenu les excès du maoïsme et jeté les bases de la libéralisation et de la modernisation de la Chine. Daisaku Ikeda entretenait avec lui des relations de vive amitié.

CHOWDHURY, ANWARUL K. (NÉ EN 1943) : ambassadeur du Bengladesh aux Nations unies, il a été nommé secrétaire général adjoint des Nations unies (2002). Il a exercé de lourdes responsabilités au Conseil de sécurité et au Conseil économique et social des Nations unies. Il est titulaire d'un doctorat honoris causa de l'université Soka de Tokyo (2003).

CINQ PRÉCEPTES BOUDDHIQUES MAJEURS : préceptes de base que doivent observer les croyants laïques : ne pas tuer ; ne pas voler ; ne pas avoir une mauvaise conduite sexuelle ; ne pas mentir ; ne pas consommer d'intoxiquants.

CLUB DE ROME : organisation privée fondée par des scientifiques, des humanistes, des économistes, des professeurs, des fonctionnaires nationaux et internationaux ainsi que des industriels en 1968, afin d'étudier les mesures nécessaires pour répondre aux problèmes mondiaux de l'environnement, de la population, de l'alimentation et de l'énergie.

CONFÉRENCES DE PUGWASH SUR LA SCIENCE ET LES AFFAIRES MONDIALES : organisation internationale qui rassemble des personnalités des mondes universitaire et politique, fondée en 1957 par Joseph Rotblat et Bertrand Russell à Pugwash (Canada), pour réduire les dangers de conflits armés et rechercher des solutions pour assurer la sécurité mondiale. Le mouvement Pugwash et J. Rotblat ont reçu conjointement le prix Nobel de la paix en 1995 pour leurs efforts en faveur du désarmement nucléaire.

CONSTITUTION DE PAIX : la Constitution du Japon a reçu le nom de Constitution de Paix. Son préambule assure que tous les peuples du monde ont le droit de vivre en paix. L'article 9 indique que le peuple japonais renonce à déclarer la guerre.

COUDENHOVE-KALERGI, RICHARD (1894-1972) : a fondé le Mouvement paneuropéen pour unir tous les États européens en une seule entité politique. Auteur de *Pan-Europa* (1923).

COUSINS, NORMAN (1915-1990) : essayiste américain, rédacteur en chef du *Saturday Review* (New York) de 1942 à 1972. Il est le co-auteur de *Dialogue entre des citoyens du monde* (1991, en japonais) avec Daisaku Ikeda.

DINOFLAGELLÉS : algues unicellulaires, en majorité biflagellées. Les dinoflagellés font partie du plancton d'eaux douces, et surtout marines. Certaines sont photosynthétiques et se propulsent en faisant tourner leurs flagelles. Les dinoflagellés peuvent sécréter des toxines, dans des circonstances mal connues.

DIX COMMANDEMENTS : selon le récit de l'Exode, un livre de la Bible, les Dix Commandements (ou Décalogue) ont été remis par Dieu à Moïse sur le mont Sinaï, gravés sur deux tables en pierre. Ces commandements condamnent le meurtre, la fornication, le vol, le faux témoignage, etc.

***DON QUICHOTTE* :** roman de Miguel Cervantes Daavedra (1547-1616). Le héros, Don Quichotte, prend les moulins à vent pour des monstres géants et les attaque. C'est d'après cet épisode que l'on compare à Don Quichotte les personnes idéalistes et vivant dans l'imaginaire.

ÉDUCATION CRÉATRICE DE VALEURS : théorie de pédagogie appliquée défendue par Tsunesaburo Makiguchi pour développer le talent de ceux qui voudraient créer et ajouter de la valeur et contribuer ainsi au bonheur des gens.

ENDOCTRINEMENT MILITARISTE : il s'agit, ici, des efforts menés par le gouvernement militaire japonais pour utiliser l'éducation comme moyen de promotion de l'idéologie belliciste pendant la Seconde Guerre mondiale.

ENSEIGNEMENT DE L'ÉCRITURE MÉDIATIQUE : apprentissage pour rendre les élèves capables de lire correctement l'information sans être influencés par les mass media, comme la télévision, la presse, la publicité, etc.

ETA (*EUSKADI TA ASKATASUNA*) « PAYS BASQUE ET LIBERTÉ » : organisation nationaliste basque radicale, fondée en 1959, pour créer un Pays basque indépendant de l'Espagne.

ÉVEIL POUR LES FEMMES : le Chinois Tiantai considérait que, par les moyens des sûtras antérieurs au Sûtra du Lotus, les femmes ne pouvaient jamais atteindre l'état de bouddha, mais que, grâce à l'Éveil de la fille du Roi-Dragon, dans le chapitre « Devadatta » (le XIIe) du Sûtra du Lotus, il a été prouvé, pour la première fois, que l'Éveil des femmes était possible.

ÈRE DE COMPÉTITION HUMAINE : Tsunesaburo Makiguchi (1871-1944) prévoyait, dans sa *Géographie de la vie humaine* (1903), que les époques de compétition militaire, politique et économique seraient remplacées par une époque de compétition humaine.

FONDS MONDIAL DE L'ÉDUCATION ÉLÉMENTAIRE : structure internationale pour recueillir des fonds destinés à développer l'éducation élémentaire, qui figure dans les propositions pour la paix de Daisaku Ikeda en 2004 (« La transformation intérieure : créer une lame de fond mondiale pour la paix »).

FRANCO, FRANCISCO (1892-1975) : chef d'un régime politique dictatorial (1939-1975) créé après la victoire remportée par celui-ci lors de la guerre civile espagnole (1936-1939).

GAIA : à la fin des années 1960, James E. Lovelock (né en 1919), chimiste britannique, proposa le concept de Gaia (d'après le nom grec de la Terre), selon lequel les composantes vivantes et inanimées de la Terre constituent un système complexe en interaction qui fonctionne comme un organisme unique.

GANDHI, MOHANDAS KARAMCHAND – LE MAHATMA GANDHI – (1869-1948) : leader du mouvement nationaliste indien contre la domination britannique. Connu et estimé pour sa doctrine de la protestation non-violente. Le titre de Mahatma veut dire « Grande Âme ».

GENRE : concept né aux États-Unis (*gender*) pour indiquer que les appartenances sexuelles ne sont pas seulement biologiques, mais qu'elles sont aussi socialement construites. En ce sens, le genre désigne le rôle sexuel social et culturel acquis, avec les limitations qu'il comporte.

GORBATCHEV, MIKHAIL S. (NÉ EN 1931) : homme d'État et dernier président de l'Union soviétique. Ses réformes politiques ont mené à la fin de la guerre froide ainsi qu'à la dissolution de l'URSS. Prix Nobel de la paix (1990). Il est l'auteur, avec Daisaku Ikeda, de *Dialogue pour la paix* (Éditions du Rocher, 2001).

GOUVERNANCE MONDIALE : concept pour résoudre les conflits de façon indépendante, sans qu'il soit besoin de recourir à un gouvernement mondial. C'est un processus, ou un cadre général, destiné à résoudre les problèmes à l'échelle mondiale par l'intervention des citoyens, des organisations non gouvernementales, etc., afin d'atténuer les conflits d'intérêts entre pays.

GUERRE CIVILE ESPAGNOLE : une partie de l'armée, dirigée par Francisco Franco, entra en rébellion contre le gouvernement de Front populaire qui avait gagné les élections de 1936. La guerre civile provoqua le chaos en Espagne et se termina en 1939 par la victoire des troupes nationalistes de Franco. Elle a causé la mort d'environ 500 000 personnes.

HASSAN (OU EL HASSAN) BEN TALAL (NÉ EN 1947) : prince jordanien. Ancien président du club de Rome et conseiller supérieur de l'Académie européenne des sciences et des arts. Ses domaines de spécialité sont ceux de la paix, des droits de l'homme et de l'éducation.

HUGO, VICTOR (1802-1885) : poète, romancier et dramaturge français. Il critiqua le coup d'État de Louis Napoléon Bonaparte (Napoléon III) et choisit l'exil pendant dix-neuf ans.

INNÉ (BIEN ET MAL INNÉS) : idée selon laquelle les êtres humains ont un don inné naturel pour le bien ou le mal.

JUAN CARLOS IER D'ESPAGNE (NÉ EN 1938) : monté sur le trône d'Espagne après la mort de Franco, il est à l'origine des réformes démocratiques, menées malgré l'opposition des anciens pouvoirs en place. Il est considéré comme le symbole de l'unité du pays.

JUNG, CARL GUSTAV (1875-1961) : psychiatre et penseur suisse, fondateur de la psychologie analytique. Il a postulé l'existence d'un inconscient collectif sous-jacent au subconscient individuel.

KANT, EMMANUEL (1724-1804) : philosophe et homme de science allemand. Auteur de la Critique de la raison pure.

KENNEDY, EDWARD MOORE (1932-2009) : frère cadet de John F. Kennedy. Sénateur du Massachusetts.

KENNEDY, JOHN FITZGERALD (1917-1963) : trente-cinquième Président des États-Unis (1961-1963). Son administration a été confrontée à des situations difficiles comme la crise des missiles à Cuba, la construction du mur de Berlin et la guerre du Vietnam.

LANGUES ROMANES : nom qui désigne une famille de langues issues du latin parlé. Elles se sont différenciées selon les régions et ont pris forme autour du VIIIe siècle. Elles sont aujourd'hui parlées par environ 500 millions de personnes en Europe et en Amérique latine.

MAKIGUCHI, TSUNESABURO (1871-1944) : éducateur, fondateur et premier président de la Soka Gakkai. Auteur de *L'Éducation pour une vie créatrice* et *Une géographie de la vie humaine* (en japonais). Il s'opposa à la guerre et aux mesures de contrôle du gouvernement militariste japonais. Il fut emprisonné pendant la Seconde Guerre mondiale et mourut en prison.

MALRAUX, ANDRÉ (1901-1976) : écrivain et critique français. Auteur de *La Condition humaine*. Ministre français de la Culture.

MENACE NUCLÉAIRE : les puissances nucléaires fabriquent et stockent des armes nucléaires capables de faire disparaître plusieurs fois l'espèce humaine, à un point tel que les peuples du monde sont donc désormais confrontés au danger d'extinction pure et simple par les armes nucléaires.

MONDIALISATION (AUSSI GLOBALISATION) : essor politique, économique et culturel à une échelle mondiale, né du développement des technologies de l'information et des transports.

NATIONS NON ALIGNÉES : pendant la période de la guerre froide entre les pays communistes de l'Est et les pays démocratiques de l'Ouest, un certain nombre de nations se considérèrent comme n'étant alignées ni avec, ni contre aucun bloc de grandes puissances.

NAZISME : le système politique et les idées du régime fondé par le parti national-socialiste (en abrégé : nazi) en Allemagne. Ce système s'est notamment distingué par un nationalisme intolérant, un gouvernement totalitaire et une idéologie raciste. Adolf Hitler (1889-1945), chef de ce parti, fut nommé Chancelier d'Allemagne en 1933. Il est à l'origine de la Seconde Guerre mondiale.

NYERERE, JULIUS (1922-1999) : premier président de la Tanzanie, père de l'indépendance tanzanienne.

ORGANISATION DES ÉTATS AMÉRICAINS (OEA) : organisation régionale multilatérale créée pour renforcer la coopération entre ses membres sur la base des valeurs démocratiques, pour défendre les intérêts communs et discuter des questions majeures qui concernent la région et le monde. L'organisation est composée de trente-cinq États membres de l'Amérique du Nord, de l'Amérique centrale, de l'Amérique du Sud et des Caraïbes.

ORGANISATION MONDIALE DE LA SANTÉ (OMS) : fondée en 1948 par cent quatre-vingt-douze signataires ; son siège est à Genève. C'est l'autorité directrice et coordinatrice dans le domaine de la santé au sein du système des Nations unies. Elle prend des mesures préventives contre les épidémies et travaille sur les problèmes d'environnement.

ORGANISATION DU TRAITÉ DE L'ATLANTIQUE NORD (OTAN) : organisation militaire internationale destinée à la coopération en matière de défense. Elle a été fondée par douze pays en 1949. Le traité stipule qu'une attaque contre l'un des signataires sera considérée comme une attaque de l'ensemble des pays membres, et que ceux-ci seront alors tenus de répondre de façon concertée. L'OTAN avait pour but principal d'organiser la défense et la sécurité de l'Europe occidentale face à l'Union soviétique, après la Seconde Guerre mondiale.

PECCEI, AURELIO (1908-1984) : entrepreneur et économiste. Il prit une part active dans le mouvement de résistance contre le fascisme, pendant la Seconde Guerre mondiale. Il est le fondateur du club de Rome.

PROMÉTHÉE : figure de la mythologie grecque. Considéré comme le père de la civilisation pour le don du feu qu'il fit à l'humanité.

PROPOSITION AU SOMMET MONDIAL SUR LE DÉVELOPPEMENT DURABLE : en août 2002, s'est tenu à Johannesburg le Sommet mondial pour le développement durable. Daisaku Ikeda a présenté à cette occasion la proposition intitulée « Le défi de l'environnement mondial : l'éducation pour un avenir durable ».

QUATRE BODHISATTVAS DIRIGEANTS : les quatre bodhisattvas qui dirigent les bodhisattvas surgis de la terre, tels qu'ils sont décrits dans le chapitre XV du Sûtra du Lotus (« Surgis de la terre »). Ce sont : Pratiques-Supérieures (Jogyo), Pratique-Infinie (Muhengyo), Pratique-Pure (Jyogyo), et Pratique-Ferme (Anryugyo).

RELATIVISME ÉTHIQUE : idée selon laquelle les bases éthiques diffèrent selon la période et les coutumes sociales et que, en conséquence, personne ne peut décider si une base éthique particulière est juste ou non. C'est une idée généreuse, mais dangereuse à appliquer dans tous les cas.

RUSK, DEAN (1909-1994) : homme politique américain. Il occupa les fonctions de secrétaire d'État (ministre des Affaires étrangères) auprès des présidents J. F. Kennedy et L. B. Johnson.

SAGAN, CARL (1934-1996) : astronome américain. Auteur de *Cosmos* (1981).

SIONISME : mouvement prônant la constitution d'une nation juive en Palestine. Il se développa à la fin du XIXe siècle à un moment où la vague de persécution des juifs en Europe était en train de monter.

SOKA GAKKAI INTERNATIONALE (SGI) : mouvement bouddhique international présent dans cent quatre-vingt-dix pays et territoires, qui fait une promotion active de la paix, de la culture et de l'éducation en mettant l'accent sur le changement personnel et la contribution à la vie de la société. Fondée en 1975.

SWAMINATHAN, M. S. (NÉ EN 1925) : président des Conférences de Pugwash sur la science et les affaires mondiales. Président de la Commission nationale indienne de sécurité alimentaire et nutritionnelle. Lauréat du Prix mondial de l'alimentation en 1987.

TECHNOSCIENTIQUE, OU TECHNICO-SCIENTIFIQUE (RECHERCHE) : traite de l'interaction entre technologie et science (technoscience), qui est caractéristique de la science contemporaine.

TEHRANIAN, MAJID : professeur de communications internationales à l'université de Hawaï et premier directeur de l'Institut Toda pour la paix mondiale et une politique prospective. Co-auteur, avec Daisaku Ikeda, de *Global Civilization. A Buddhist-Islamic Dialogue* (2003). Traduction française : *Bouddhisme et Islam : le choix du dialogue* (L'Harmattan, 2008).

THOREAU, HENRY DAVID (1817-1862) : penseur américain qui s'est opposé à la guerre du Mexique en 1846 et fut emprisonné. Ses idées ont influencé la philosophie et les actions du Mahatma Gandhi et de Martin Luther King.

TROIS VERTUS DE SOUVERAIN, MAÎTRE ET PARENT : trois vertus que tous devraient respecter. Les fonctions bienveillantes du souverain, du maître et du parent qu'un bouddha est réputé posséder : la vertu de souverain est le pouvoir de protéger tous les êtres vivants ; la vertu de maître est la sagesse qui instruit et mène toutes les personnes à l'Éveil ; la vertu de parent est l'esprit de compassion qui permet de fournir nourriture et soutien.

TODA, JOSEI (1900-1958) : deuxième président de la Soka Gakkai, disciple direct du président fondateur Tsunesaburo Makiguchi, et maître du troisième président, Daisaku Ikeda. Opposé à la guerre, il fut emprisonné par le gouvernement militaire japonais pendant la Seconde Guerre mondiale.

TOYNBEE, ARNOLD J. (1889-1975) : historien anglais surtout connu pour son *Étude de l'Histoire* en douze volumes ((1934-1961), un essai d'histoire mondiale. Co-auteur avec Daisaku Ikeda de *Choose Life : A Dialogue,* Oxford University Press, 1976. Édition française : *Choisis la vie. Un dialogue* (L'Harmattan, 2009).

TOUR AUX TRÉSORS : stupa (monument bouddhique) massif orné de joyaux décrit dans les écrits bouddhiques, en particulier dans le chapitre XI (« La Tour aux Trésors ») du Sûtra du Lotus. Nichiren considérait la Tour aux trésors comme une allégorie représentant la précieuse existence humaine.

UNESCO : acronyme composé des initiales des mots anglais pour « Organisation des Nations unies pour l'éducation, la science et la culture » fondée en 1945 pour contribuer au maintien de la paix entre les peuples au moyen de l'éducation, des sciences sociales et naturelles, de la culture et de la communication.

UNION EUROPÉENNE : organisation destinée à développer l'intégration économique et politique, instituée par le Traité sur l'Union européenne (Traité de Maastricht - 1992).

VIOLENCE STRUCTURELLE : concept utilisé par Johan Galtung, chercheur norvégien en science de la paix, pour décrire la pauvreté et l'oppression qui règnent dans les pays en voie de développement, et qui ne résultent pas seulement de causes internes, mais aussi des systèmes économiques et sociaux internationaux et locaux. Ce terme désigne une forme de violence provoquée par les structures ou institutions d'une société donnée, qui empêche les individus de se réaliser. Dans la théorie des relations internationales, la violence structurelle est inhérente à la domination du « centre » (pays développés) sur les « périphéries » (pays sous-développés).

ZAMENHOF, LUDWIK LEJZER (1859-1917) : médecin oculiste et linguiste polonais, créateur de l'espéranto, une langue internationale construite.

L'Harmattan, Italia
Via Degli Artisti 15 ; 10124 Torino

L'Harmattan Hongrie
Könyvesbolt ; Kossuth L. u. 14-16
1053 Budapest

L'Harmattan Burkina Faso
Rue 15.167 Route du Pô Patte d'oie
12 BP 226
Ouagadougou 12
(00226) 76 59 79 86

Espace L'Harmattan Kinshasa
Faculté des Sciences Sociales,
Politiques et Administratives
BP243, KIN XI ; Université de Kinshasa

L'Harmattan Guinée
Almamya Rue KA 028
En face du restaurant le cèdre
OKB agency BP 3470 Conakry
(00224) 60 20 85 08
harmattanguinee@yahoo.fr

L'Harmattan Côte d'Ivoire
M. Etien N'dah Ahmon
Résidence Karl / cité des arts
Abidjan-Cocody 03 BP 1588 Abidjan 03
(00225) 05 77 87 31

L'Harmattan Mauritanie
Espace El Kettab du livre francophone
N° 472 avenue Palais des Congrès
BP 316 Nouakchott
(00222) 63 25 980

L'Harmattan Cameroun
Immeuble Olympia face à la Camair
BP 11486 Yaoundé
(237) 458 67 00 / 976 61 66
harmattancam@yahoo.fr

L'Harmattan Sénégal
« Villa Rose », rue de Diourbel X G, Point E
BP 45034 Dakar FANN
(00221) 33 825 98 58 / 77 242 25 08
senharmattan@gmail.com

www.ingramcontent.com/pod-product-compliance
Lightning Source LLC
LaVergne TN
LVHW010923061026
849535LV00007B/2206
* 9 7 8 2 2 9 6 1 1 7 7 6 1 *